A notícia como fábula

Coleção AcadeMack, 12

UNIVERSIDADE PRESBITERIANA MACKENZIE
Reitor: Benedito Guimarães Aguiar Neto
Vice-reitor: Marcel Mendes

COORDENADORIA DE PUBLICAÇÕES ACADÊMICAS
Coordenadora: Helena Bonito Couto Pereira

EDITORA DA UNIVERSIDADE PRESBITERIANA MACKENZIE
Conselho Editorial

- Helena Bonito Couto Pereira (*Presidente*)
- José Francisco Siqueira Neto
- Leila Figueiredo de Miranda
- Luciano Silva
- Maria Cristina Triguero Veloz Teixeira
- Maria Lucia Marcondes Carvalho Vasconcelos
- Moises Ari Zilber
- Valter Luís Caldana Júnior
- Wilson do Amaral Filho

Renato Modernell

A notícia como fábula

Realidade e ficção se confundem na mídia

Ⓜ Universidade Presbiteriana Mackenzie

summus editorial

Copyright © 2012 Renato Modernell.

Todos os direitos reservados à Universidade Presbiteriana Mackenzie e à Summus Editorial. Nenhuma parte desta publicação poderá ser reproduzida por qualquer meio ou forma sem a prévia autorização da Universidade Presbiteriana Mackenzie e da Summus Editorial.

Coordenação editorial: Joana Figueiredo
Capa e projeto gráfico: Alberto Mateus
Diagramação, preparação de texto e revisão: Crayon Editorial

Dados Internacionais de Catalogação na Publicação (CIP)
(Câmara Brasileira do Livro, SP, Brasil)

Modernell, Renato
    A notícia como fábula : realidade e ficção se confundem
na mídia / Renato Modernell. — São Paulo : Universidade
Presbiteriana Mackenzie : Summus, 2012.

    Bibliografia.
    ISBN (Mackenzie): 978-85-7916-134-6
    ISBN (Summus): 978-85-323-0517-6

    1. Comunicação escrita 2. Ficção 3. Jornalismo 4. Jornalismo
literário 5. Mídia 6. Notícias jornalísticas 7. Realidade I. Título.

12-07135   CDD-070.43

Índice para catálogo sistemático:
1. Realidade e a ficção nos textos jornalísticos :
Construção da notícia : Jornalismo 070.43

UNIVERSIDADE PRESBITERIANA MACKENZIE
Rua da Consolação, 930
Edifício João Calvino, 7º andar
CEP: 01302-907 — São Paulo — SP
Tel.: (5511) 2114-8774/2114-8785
editora@mackenzie.com.br
www.editora.mackenzie.br

SUMMUS EDITORIAL
Rua Itapicuru, 613, 7º andar
CEP: 05006-000 — São Paulo — SP
Tel.: (5511) 3872-3322 - Fax (5511) 3872-7476
www.gruposummus.com.br

Como adquirir os livros:
Livraria Mackenzie
Campus Higienópolis
Rua Itambé, 135 — Prédio 19 — loja 1
CEP 01302-907 — São Paulo — SP
Tel.: (5511) 2766-7027
livraria@mackenzie.br

Summus Editorial
Tel.: (5511) 3873-8638 - Fax (5511) 3873-7085
www.gruposummus.com.br

Para a minha namorada.

Nothing is real
and nothing to get hung about.

JOHN LENNON, *Strawberry fields forever*.

Sumário

Prefácio Muito além da pauta
José Carlos Marão 11

1 A máquina de escrever 15
2 *Si non è vero, è ben trovato* 21
3 Outro passeio no bosque 41
4 Periodicidade e silêncio 51
5 Selando a aliança social 57
6 Espírito corporativo 63
7 Equívocos cristalizados 75
8 Luzes na Estação da Luz 89
9 A arte da escritura 97
10 A tentação dos adjetivos 109
11 Quando saímos da estrada 117
12 Eloquência vazia 123
13 O monopólio da memória 141
14 Ora (direis), ouvir estrelas! 151
15 *Serendipities* 157

Referências 161
Índice 165

Prefácio

Muito além da pauta

JOSÉ CARLOS MARÃO[*]

◆

Um dia alguém me cochichou, num canto da redação:
– Tem um aí que sabe escrever. Era uma injustiça, claro. Afinal, todos os jornalistas, em princípio, sabem escrever. Mas a frase tinha sentido, naquele contexto. E provavelmente já continha uma boa dose de *fabulação*, fenômeno que Renato Modernell descreve muito bem neste seu *A notícia como fábula*. Eram os tempos em que *Quatro Rodas*, uma revista de automóveis em um país que só tinha quatro montadoras e alguns poucos modelos de carros, precisava, todo mês, cativar e prestar serviços aos seus leitores. Importação, nem pensar: era

---

[*] Foi repórter no jornal *Folha de S.Paulo* e nas revistas *O Cruzeiro* e *Realidade*. Na Editora Abril, participou da criação da revista *Realidade* e foi diretor do grupo *Quatro Rodas*. É autor do livro *Realidade Re-Vista*, lançado em parceria com José Hamilton Ribeiro, em 2010. Atualmente é editor da Anagrama Editorial e integrante do Projor, Instituto para o Desenvolvimento do Jornalismo, entidade sem fins lucrativos criada pelo jornalista Alberto Dines, que mantém, entre outras operações, o Observatório da Imprensa On-Line.

12   A notícia como fábula

proibida. A solução era lembrar, a todo momento, que dentro de cada carro havia uma pessoa. E criar pautas de interesse dos leitores nesse universo: segurança, viagens, história, educação, economia. Os assuntos técnicos sobre modelos que o público poderia comprar não seguravam a revista, que, a cada mês, era ansiosamente esperada por um grande contingente de leitores. (Aliás, essa questão da periodicidade das publicações também é muito bem analisada por Modernell, nas próximas páginas, como mais um fator de *fabulação*.)

As vagas, na redação, eram, em sua maioria, ocupadas por jornalistas da área técnica. Então, o grande suprimento de reportagens da chamada "geral" era feito por *freelancers*. Com o tempo, à medida que surgissem vagas, alguns acabariam sendo contratados.

Aquele que *sabia escrever*, como todos já adivinharam, era um dos jovens que faziam *freelance* para *Quatro Rodas* e um dia seria contratado: Renato Modernell. Sim, o mesmo que hoje é mestre em jornalismo e doutor em letras.

A revista queria e precisava de gente que enxergasse além da pauta. As pautas, criadas na redação em um ambiente praticamente isolado do cotidiano das cidades, deveriam ser apenas sementes que germinariam se fossem plantadas em um bom terreno, ou seja, um bom repórter. Ou, como talvez dissesse o Modernell de hoje, as pautas precisavam de alguma *fabulação*. O Modernell daquele tempo já sabia ou intuía isso: suas matérias traziam sempre muito mais do que a pauta pedia.

Só esta qualidade já justificaria a frase lá de cima: *tem um aí que sabe escrever*.

Aliás, neste livro, ele dá um excelente exemplo de enriquecimento de pauta. O *buraco de rua*, para quem não sabe, é sinônimo, nas redações, de matéria que nenhum repórter quer fazer. Receber a tarefa de fazer uma reportagem sobre um buraco de rua é sinal de falta de prestígio. Ou de estar sendo perseguido pelo chefe. No comecinho dos anos 1960, não era apenas sinônimo: buraco de rua significava literalmente ir até um bairro, fotografar o buraco e escrever um texto. Em uma cidade esburacada, os jornais atendiam as reclamações de leitores.

Modernell mostra como um simples buraco de rua pode afetar a vida de uma moça que queria ser modelo ou de um comerciante que recebia visitas frequentes da fiscalização. Ou seja, em qualquer matéria, se o repórter enxergar além da pauta e perguntar para si mesmo em que ponto aquilo afeta a vida do cidadão comum, terá um material muito melhor para trabalhar.

Ir além da pauta, porém, é apenas metade da tarefa. A outra metade é colocar tudo isso no papel (perdão, na tela) de maneira cativante, para levar o leitor até o fim do texto. E, é claro, o jovem Modernell também tirava de letra essa segunda parte de uma boa reportagem. Justificava plenamente o *sabe escrever*.

Alguns colegas diziam que era covardia pois, afinal, o rapaz já era um contista premiado. Outra injustiça: muitos jornalistas que nunca tinham se aventurado pela literatura também escrevem muito bem.

Esse *como* escrever é discutido pelo professor Modernell nesta obra. Ele vai buscar um exemplo no jazz. Quando perguntaram a Louis Armstrong o que é o jazz, ele respondeu: *o jazz não é um que, mas como.*

Na verdade, nada impede (a não ser a idiossincrasia de alguns chefes) que a vida real seja escrita em forma de romance.

A notícia como fábula

É possível atender a todos os requisitos da pirâmide invertida, todos os W^1 do lide, em forma de romance. Basta saber.

Nem sempre isso é aceito. Tive uma matéria[2] publicada na revista *Realidade*, em maio de 1966, com várias ousadias em relação ao convencional do texto jornalístico. A redação mandou a matéria para o prêmio Esso e vieram me dizer, depois, que ela disputou a final e ficou em segundo lugar, porque era *mais uma crônica do que uma reportagem*. Se a matéria ficou mesmo em segundo, eu não sei. Mas a simples frase mostrava preconceito quanto à forma do texto: era sim uma reportagem, mas escrita de forma não convencional.

O uso de uma forma mais literária e de recursos literários sempre leva a uma *fabulação* da verdade. Mas recursos tipicamente jornalísticos têm o mesmo efeito, como bem demonstra o professor Modernell.

Enfim, a leitura do *A notícia como fábula* leva a importantes reflexões sobre a profissão e o trabalho dos jornalistas. Mesmo quando achamos que estamos levando ao público *a verdade nua e crua*, pode ser que, no próprio esforço para apresentar o fato puro e simples, já esteja contido o *fator de fabulação*.

Seria o caso até de pedir licença ao mestre Alberto Dines para usar o *slogan* do Observatório da Imprensa: *você nunca mais vai ler jornal do mesmo jeito*. Depois da leitura do *A notícia como fábula*, você também nunca mais vai ler jornal do mesmo jeito. O acadêmico Renato Modernell voltou a ser repórter e, mais uma vez, foi muito além da pauta.

---

[1] O "lide", forma aportuguesada de *lead*, deve, em princípio, responder aos vários "Ws": O que?, Quem?, Quando?, Como?, Onde?, Por que? (em inglês, os cinco "Ws": *What, Who, When, Where, Why*). O "como" (*how*) é incluído somente por alguns professores.

[2] "Nossa cidade", edição n. 7, sobre Conceição do Mato Dentro (MG).

1

A máquina de escrever

◆

Acho que me tornei jornalista ali pelos nove anos de idade. A culpa não foi minha. Foi de uma máquina de escrever Remington, de fabricação uruguaia, naturalizada brasileira após ajustes nas barras de tipos, que ficava no balcão da portaria do hotel da nossa família, no litoral do extremo sul do Brasil. Aquele objeto de ferro fundido, com pintura granulada em tom cinza esverdeado, atraía-me para a penumbra do escritório mesmo quando, lá fora, o sol também me incitava às espumosas delícias do verão na Praia do Cassino. Era pesado, sóbrio, frio, cheio de letras, hastes, ganchos, engrenagens oleosas, e tudo isso funcionava para gerar coisas leves e voláteis como as palavras.

Nessa máquina, produzi várias edições de um jornalzinho que noticiava os campeonatos de futebol de botão que eu disputava contra mim mesmo. Eu tinha numerosos times, mas nenhum amigo por perto durante determinado período do ano, entre o

16 A notícia como fábula

Carnaval e a Páscoa, quando já não havia mais veranistas no hotel, mas ainda permanecíamos na praia. Como administrar a solidão? Ora, vamos fazer acontecer umas coisas — e noticiá-las. Ao manejar meus times, um contra o outro, eu precisava me desdobrar em dois diferentes "técnicos" com objetivos antagônicos. Minha obrigação era ser neutro, imparcial. (Mais do que isso: nessa época, meu sonho era ser invisível, mas isso não vem ao caso.) Bem, eu me esforçava por fazer os dois times se enfrentarem, digamos, com suas próprias forças, como se aquilo fosse algo independente de mim. Colocava talco na mesa para simular poeira, fumaça de foguetes, chuva de papel picado jogado pelos torcedores. Tudo tem de ter *clima*, não só um jantar à luz de velas.

Pelo fato de o imaginário do jogo de botão, miniaturização do futebol de verdade, ancorar-se num referencial externo (ao contrário dos jogos de dados ou de damas), eu precisava dar credibilidade a meus campeonatos, promovendo a semelhança com a vida real. Assim, apesar da sincera intenção de equanimidade, que me impedia de favorecer o time da minha preferência, por outro lado eu me sentia compelido a produzir resultados plausíveis. Ou digamos que ficasse satisfeito quando isso "simplesmente acontecia". Resultados inesperados podiam ocorrer, é claro, mas com o mesmo grau de incidência que eles têm no futebol de verdade. Essa ambiguidade dominava meu íntimo na hora de criar a sequência de jogadas sobre a mesa.

Num segundo momento, diante da máquina de escrever, atuando como jornalista-mirim, minha atitude era bem outra. Por instinto, eu sabia que deveria noticiar fielmente os resultados das partidas. Não tinha o direito de modificar os fatos, ainda que só eu mesmo fosse ler aquele jornalzinho e pouco depois o rasgasse para jogar no lixo. Eu caprichava nas manchetes, compostas em maiúsculas, na fita vermelha da máquina, fazia desenhos dos gols com caneta azul, mas mesmo assim não estava nos meus planos permitir que alguém o lesse. Muito menos guardá-lo para o futuro. O que eu desejava era o prazer de praticar essa transposição da "realidade real" para a "realidade impressa". Fazer jornalismo era, portanto, diferente de fazer ficção.

Por essa mesma época, escrevi nessa Remington o meu primeiro conto. Deve ter sido inspirado pelo filme *Hatari!*, de 1962, dirigido por Howard Hawks e estrelado pelo intrépido John Wayne e a bela Elsa Martinelli. Nele, o machão hollywoodiano se aventurava pelas estepes africanas liderando um grupo de americanos que capturava animais para circos. O protagonista da minha primeira história era um sujeito chamado Alberto, que pelejava para enfim conseguir realizar seu grande sonho de conhecer a África. Ao chegar, beijava o chão. Quem sabe fosse coisa de algum outro filme; ou então daquele imperador romano, já não lembro qual, que com esse gesto tentou disfarçar o tombo que havia levado ao chegar em terras africanas. Que importava isso? Numa história, eu poderia inventar o que bem entendesse. No jornalzinho do campeonato de botão... bem, ali era diferente.

Havia, sem dúvida, uma diferença metodológica, mas não epistemológica, digamos, entre o ficcionista e o jornalista que brotavam em mim quase ao mesmo tempo. Naquela época, eu já intuía isso, de algum modo, mesmo sabendo que precisava manter as aparências. Afinal, para legitimar-me como gente grande, não bastava deixar de usar suspensórios e calça curta. Meu mundo íntimo, sobretudo, devia se assemelhar àquilo que

18 A notícia como fábula

eu então considerava ser o mundo "real" — que, na verdade, não passa do senso comum.

As reflexões sobre aquele antigo contraponto dos meus 9 anos (fantasia *versus* realidade) acompanharam-me, submersas, pelos caminhos da vida adulta, durante décadas de trabalho como jornalista profissional, em publicações de diversos gêneros. Foram ganhando, é claro, uma forma mais refinada. Passei a refletir sobre o modo pelo qual alguns recursos técnicos do dia a dia da imprensa, mesmo sendo artificiais, conseguem elevar a credibilidade do texto aos olhos do leitor. Essas ferramentas de apuração, redação e edição têm o poder de aproximar o produto jornalístico de uma obra ficcional, embora, em geral, não sejam encaradas dessa maneira pelas pessoas envolvidas no processo.

Se o jornalista *reproduz* o fato, na verdade também o *produz*, necessariamente, ao transformar uma sucessão de eventos num conjunto de palavras. O vinho vem da uva, mas são coisas bem diferentes. Ao trabalhar no mundo do jornalismo, acabei por descobrir que um profissional da informação carrega dentro de si algo de mim aos nove anos, quando fazia meu jornalzinho datilografado; ele também sente algo semelhante ao botonista solitário que eu era: único gerador do fato, única testemunha, livre para criar a sua versão, para inventar o que bem entender. E, no entanto, cerceado pelo senso do dever, carente da chancela externa, zeloso da própria credibilidade. Jornalismo é jornalismo; literatura é literatura. Alguém queria que fosse assim. Alguém — não eu.

Como jornalista, ao manejar dados colhidos em outras épocas, textos de referência, depoimentos, e tudo aquilo que compõe o aporte de informação necessário para escrever textos, sempre fiquei surpreendido com a *instabilidade do material*. Dito de outra forma, é como se um único modo de ver um fato se cristalizasse, através do tempo, em versões tidas como indiscutíveis. Já deparei com numerosos exemplos de coisas que, apenas por um detalhe, haviam se fixado de um modo tido como "oficial". E eu próprio, como jornalista, colaboro minimamente para essas *cristalizações* que, mais tarde, aos olhos dos outros, parecerão pontos de referência consistentes.

Essa sensação da *maleabilidade dos fatos*, surgida durante solitárias partidas de futebol de botão e sacramentada na prática jornalística, a partir de certo ponto passou a ser enriquecida por reflexões ligadas à minha simultânea atividade de escritor. Penso especialmente em obras que transitam no campo hoje denominado *metaficção historiográfica*. Nos textos *Che Bandoneón*, sobre Astor Piazzolla; *O grande ladrão*, sobre Gino Meneghetti; e *Viagem ao pavio da vela*, sobre Marco Polo, senti a possibilidade de adaptar o material pesquisado conforme meu desejo, desde que usasse como alavanca pontos fixos e reconhecíveis.

Meu procedimento, suponho, não deve ter sido muito diferente daqueles usados por outros escritores e jornalistas. O que pode existir em comum entre o microuniverso do jogo de botão, a vida de uma pessoa e a história de um povo e de um país? Ora, em todos os casos a fabulação, inerente ao homem, comparece em grande escala, tanto mais dissimulada quanto maior seja a habilidade de quem escreve.

O foco deste trabalho são os mecanismos que inserem fibras ficcionais no material editorial vendido nas bancas à guisa de peças noticiosas. Interessa-me compreender o modo pelo qual a realidade e a ficção se entrelaçam nos textos jornalísticos. Reuni vários. Eles representam diferentes épocas, locais e

20 A notícia como fábula

estilos, desde notícias curtas até reportagens de maior fôlego. Para analisá-los, precisei estabelecer conexões com a fonte primordial da escrita, a literatura, e ir bater à porta de pensadores que já se ocuparam da questão. Espero que este estudo possa ser útil aos que no futuro vierem a se interessar pelo ofício da escrita — se ele continuar a existir. Não estou certo disso. Mas, de qualquer modo, eu precisava realizá-lo. Porque em algum dia longínquo da década de 1960, sem saber, enfiei na mochila uma pergunta inquietante, desafiadora: um texto tem condições de traduzir a realidade? Como o leitor pode perceber, esta reflexão sobre as palavras, levada a cabo na meia-idade, busca respostas para uma remota inquietação da infância. Mas a culpa, como já disse, foi daquela máquina de escrever uruguaia que ficava na portaria do hotel.

■

2

Si non è vero, è ben trovato

◆

Embora estejamos começando uma exposição verbal, nosso ponto de partida é uma imagem: o signo taoísta tão familiar a nós, ocidentais, quanto o logotipo das fábricas de automóveis. Dentro de um círculo, dois campos em forma de peixes se encaixam um no outro; e uma pinta representa cada um deles dentro da zona oposta.

Esse signo expressa a interação dos contrários, que faz o mundo ser aquilo que é: masculino e feminino; ocidente e oriente etc. O fenômeno não é estático. Propõe um movimento constante do *yin* (preto, que representa a matéria) em direção ao *yang* (branco, o espírito) e vice-versa. "Quando é noite, a aurora vem vindo", diz um verso zen-budista. No momento em que cada elemento atinge o auge, já começa a declinar para ceder espaço à emergência do outro, e assim por diante, em perpétua alternância.

A notícia como fábula

Mas por que fazemos referência aqui a uma concepção desse tipo, figurativa, de inspiração oriental? Afinal de contas, a ideia de que os opostos se atraem não é exclusiva dos chineses — é consenso universal. Desde os antigos gregos, essa dicotomia básica está presente no pensamento ocidental. Há, porém, uma diferença de intensidade. Os chineses a enfatizam, o tempo inteiro, em seus textos clássicos, e costumam expô-la com mais nuances e sutilezas.

No terreno da escrita, trabalhamos com duas categorias distintas: realidade e ficção. Entrar numa livraria não é tão diferente de entrar numa sorveteria: encontramos compartimentos que separam os produtos, como creme e chocolate ou obras pertencentes aos domínios dos fatos e da imaginação. Placas penduradas no teto reforçam a ideia de que não devemos confundir alhos com bugalhos. E assim acontece nas escolas elementares, nos concursos literários, nos eventos culturais, nas listas dos livros mais vendidos, nos catálogos das editoras: há uma etiqueta pronta para ser colocada em cada texto e que, de algum modo, irá selar o seu destino.

No jornalismo, a regra do jogo não haveria de ser diferente. Sobretudo naquele de tipo mais terra a terra, direto, noticioso, cultiva-se a separação entre o "verdadeiro" e o "falso" como critério de eficiência e credibilidade. Mesmo nas chamadas "matérias frias" (as mais atemporais, que podem esperar o momento adequado para publicação), sem caráter investigativo, recursos gráficos de edição transmitem ao leitor a impressão de estar pisando sobre terreno firme, cujas trilhas foram mapeadas por gente que sabe do que está falando.

Imaginemos um texto, por exemplo, sobre as propriedades terapêuticas do vinho, que é de praxe publicar no começo do inverno. Embaixo, vemos um quadro em duas colunas que separam afirmações com respaldo científico (portanto, supostamente confiáveis) de outras jogadas na vala comum das crendices populares.

Embora os dois campos desse quadro possam ter cores contrastantes, seus conteúdos não são intercambiáveis, como o *yin* e o *yang* no signo do *tai chi*. A ideia é mais de oposição do que de complementaridade. Ali não há o movimento circular que sugere alternância. É um quadrinho ao lado do outro, como dois quarteirões separados por uma rua. E assim será, de novo, no inverno seguinte.

Apesar de tais divisões estanques produzirem um efeito confortador sobre nós, leitores, cidadãos urbanos e apressados, com certo grau de comodismo mental que não ousamos confessar, nada nos garante que tal configuração tenha correspondência na realidade. Basta lembrar que, no caso do vinho, já totalizam cerca de 1.600 os componentes químicos descobertos nele e a lista se amplia com o passar dos anos; com base nela, qualquer coisa poderia ser dita sobre as propriedades e os efeitos dessa bebida. No vinho, há um pouco de tudo: álcool, açúcares, cinzas, ácidos, glicerina, nitratos, taninos... Como enquadrar esse emaranhado de efeitos combinados, que nem os químicos nem os médicos são capazes de visualizar, num quadro sinóptico que no jornalismo chamamos boxe, com colunas de "verdades" e "mentiras"? Ora, isso é fazer ficção sob uma fachada de objetividade.

Mas deixemos para lá o vinho. Vamos prestar atenção no que está à nossa volta. A cidade. Nossos monumentos foram feitos em bronze, liga de cobre e estanho, às vezes contendo também zinco, chumbo e níquel. O homem inventou isso. Mas,

24 A notícia como fábula

mesmo no mundo natural, as coisas tampouco estão em estado puro, como sugerem as etiquetas de "verdades" e "mentiras". Os metais, aliás, são a própria imagem da promiscuidade. E, se falamos em terra, ar e água, não devemos esquecer que cada um desses elementos contém porções significativas dos outros, ainda que nas formas mínimas de bolhas, poeira ou umidade. Portanto, se o próprio mundo físico, depurado em processos milenares, ainda se apresenta de modo descontínuo e heterogêneo, o que não dizer dos produtos culturais, como o texto, que abrigam ideias abstratas formadas a partir da instabilidade dos sentidos e sentimentos?

Dizemos "dia" e "noite" como se houvesse interruptores binários nas posições "ligado" e "desligado". Lá fora de nossas janelas, entretanto, essas fases se misturam conforme a variação da luz. Sabemos que, entre o dia e a noite, há momentos transitórios e peculiares, embora atentemos a eles bem menos que nossos ancestrais. Em geral, durante os crespúsculos matutino e vespertino, estamos imersos em sonhos ou hipnotizados diante das telas de incontáveis aparelhos, onde palavras e imagens deslizam sob luminosidade constante. Nem sequer os astrônomos, hoje, dão muita atenção ao céu. Trabalham de olhos grudados no monitor, como os controladores de estoque nas indústrias.

O jornalista, como o condutor de metrô, está entre os trabalhadores mais sujeitos a um embotamento dos sentidos. Atrelado a horários, ao cipoal dos fluxos, às pressões e cobranças da arena corporativa, ele vê sua atividade atingir a tensão máxima justamente no momento do entardecer — quando seu bisavô camponês costumava largar a enxada e fazer o escalda-pés, ciente de que era hora de descarregar as baterias. Não é de estranhar, portanto, que o texto produzido nessas condições seja desprovido

Si non è vero, è ben trovato   25

dos matizes próprios do lusco-fusco. Realidade e ficção, para o homem que atua na imprensa convencional, tendem a ser categorias independentes, com fronteira fixa, como se o dia e a noite não tivessem passagens gradativas, mas mudanças bruscas, à semelhança das luzes fluorescentes do castelo.

Procuramos demonstrar que, fora da redação, as coisas não são bem assim. Grande parte dos fenômenos e dos eventos que nos interessam transcorre sob uma luz crepuscular, que não sabemos bem de onde vem — e no entanto pode ser mais reveladora (ou instigante) do que aquela do mundo das certezas. Buscamos entender, no plano das frases e do discurso, como o fato pode engendrar a ficção, e vice-versa, conforme sugere o signo taoísta ao qual nos referimos no início.

REPRESENTAÇÃO DO REAL

TENDO A PERGUNTA PRINCIPAL dentro da mochila, vamos começar batendo à porta do semiólogo Roland Barthes (1978, p. 22). Ele não abre. Mas responde lá de dentro: "O real não é representável, e é porque os homens querem constantemente representá-lo por palavras que há uma história da literatura".

Na porta ao lado, um aviso: *Entre sem bater*. Não há ninguém lá dentro, apenas um livro da teórica canadense Linda Hutcheon, professora da Universidade de Toronto. Ela também se alinha com Barthes entre aqueles que preferem desconfiar da força dos fatos.

> [...] o que a metaficção historiográfica faz explicitamente é lançar dúvida sobre a própria possibilidade de qualquer sólida "garantia de sentido", qualquer que seja sua localização no discurso. Esse questionamento coincide com a contestação de Foucault ao fato de

26 A notícia como fábula

> a possibilidade de conhecimento permitir, em algum instante, qualquer verdade final e autorizada. Assim como Derrida, Foucault sabia que precisava incluir seu próprio discurso nessa dúvida radical, pois tal discurso é inseparavelmente dependente da própria suposição que procura revelar. (HUTCHEON, 1991, p. 81)

A assertiva de Michel Foucault (2004) pode ser ilustrada por uma cena de *Underground* (1995), dirigido pelo cineasta bósnio Emir Kusturica. Nesse filme, um inescrupuloso traficante de armas, Marko, mantém durante anos a fio seu amigo, herói nacional, e mais um grupo de pessoas trancados numa pequena comunidade subterrânea, sem contato com a luz do sol. Lá embaixo, essa gente não cessa de produzir material bélico, sob a ilusão, insuflada por Marko, de que lá fora, na superfície, há uma guerra que precisa ser vencida para libertar o país do domínio fascista. Numa discussão com sua mulher, Marko justifica sua posição com o argumento de que "somos todos um pouco mentirosos". Quando Natalija o acusa de apresentar um texto igualmente fantasioso ao público externo, no qual dá o herói como morto, Marko retruca: "Nenhum texto escrito contém um pingo de verdade. A verdade só existe na vida real. Você é a verdade".

Esta penúltima frase — "a verdade só existe na vida real" — sintetiza a dificuldade existente na operação de transformar fatos em palavras, que consitui a base do trabalho do jornalista. Vamos buscar um exemplo parecido na cartografia. Nenhum mapa-múndi, seja qual for o método de projeção, jamais poderá reproduzir a um só tempo todos os continentes na proporção correta, pelo simples fato de que uma bola tem três dimensões e o papel apenas duas. Se quisermos uma América do Sul sem distorção, temos de aceitar a deformação na Groenlândia, ou em algum outro lugar. Estamos trabalhando com diferentes planos da realidade — e há de abrir mão de algo, quando se trata de uma representação. A rigor, as palavras sempre levam ao mundo do faz de conta, ainda que se trate de um texto burocrático como um laudo pericial.

Quando o texto envolve ideias abstratas, a possibilidade de distorção cresce ainda mais. Por isso deparamos com a perplexidade do filósofo, disposto a pôr em xeque aquilo que ele próprio diz. Coloca-se quase na posição de ficcionista, ao qual, por princípio, é concedida a prerrogativa de inventar coisas, desde que o texto resulte saboroso e convicente.

Não nos incomoda nem um pouco que o escritor Italo Calvino coloque girassóis na Toscana medieval, mesmo se soubermos que essa planta, originária do Novo Mundo, só seria introduzida na Europa a partir do século XVI. Nesse caso, outros atributos da narrativa, sobretudo estéticos, ultrapassam o compromisso de ater-se ao que é plausível. Isso não seria aceitável num texto de qualidade inferior, mais dependente da lógica formal. Quem levaria a sério alguém que narrasse um episódio no qual uma pessoa perde um avião em consequência de uma falha gráfica no calendário da parede? No entanto, isso não apenas é possível, como temos notícia de já se ter verificado na prática.

Há mais de dois milênios, Aristóteles (1992) preconizou que, na arte narrativa, deve-se preferir o impossível persuasivo ao possível que não convence. Aceitamos de bom grado o fato de Ulisses, de volta a Ítaca, 20 anos mais velho, desgastado pela Guerra de Troia e pela longa viagem de retorno, ser o único a conseguir manejar o seu antigo arco (HOMERO, 1979). Tudo isso faz parte do encanto da *Odisseia*. O velho Homero, na condição de poeta cego, tem direito de imaginar coisas. Pois Aristóteles vem logo depois para teorizar e estabelecer a

A notícia como fábula

verossimilhança como aquilo que realmente importa; e ela repousa na coerência interna do mito. O filósofo grego referia-se à literatura, é verdade, mas no seu tempo a imprensa não existia. Hoje sua proposição não seria aplicável àquilo que sai nos jornais? No filme *O homem que matou o facínora* (*The man who shot Liberty Valance*) (1962), um dos *westerns* clássicos de John Ford, uma personagem do vilarejo de Shinbone, que trabalha para um jornal, explica para um famoso advogado vindo da cidade grande: "Aqui é o Oeste, senhor. Quando a lenda supera o fato, publique-se a lenda". Essa tirada famosa, readaptação da ideia de Aristóteles, virou um clichê sempre lembrado com certo humor no meio jornalístico. Em alguma medida, encontra eco em cada nova geração de profissionais.

PREDISPOSIÇÃO À LENDA

NADA NOS AUTORIZA A SUPOR, entretanto, que priorizar a lenda em detrimento do fato seja uma atitude arbitrária e unilateral da parte de quem escreve. O jornalista dirige-se a um público leitor que, no fim das contas, lhe garante o sustento. Ora, esse mesmo público, sedento de novidades, alimenta-se bem mais dos *carboidratos da verossimilhança* — se dermos crédito a Aristóteles — do que das *proteínas da verdade*, ao contrário do que apregoam os órgãos de imprensa em suas campanhas publicitárias. Se mentir é grave, não é desdouro "dourar a pílula", como se costuma dizer em linguagem popular, já que a notícia é um produto à venda, entre tantos outros, como nos lembra Cremilda Medina (1998).

Haveria aí, então, algo como uma aristotélica predisposição à lenda, digamos, ou uma espécie de acordo tácito entre o leitor e o jornalista que, novamente em linguagem popular, se traduziria na expressão "me engana que eu gosto"? Não podemos ceder à tentação de afirmá-lo, assim, sem mais. Mas também não é o caso de desprezar essa hipótese.

Cabe notar que a síndrome do "me engana que eu gosto" não é fenômeno recente que pudesse ter sido inventado, por exemplo, pelo público americano na Guerra do Iraque, a partir de 2003, e que viria a constituir o primeiro grande embuste midiático do século XXI. Se recuarmos cinco séculos, já o encontraremos dissecado pela pena do pensador holandês Desidério Erasmo, conhecido como Erasmo de Roterdã, que louva a liberdade e a genialidade. Ele afirma (2003, p. 76):

> Vós talvez me direis: "É um grande mal ser enganado". — Ah! Dizei antes que é um mal enorme não o ser. Acreditar que a felicidade do homem consiste nas coisas mesmas é levar a extravagância ao excesso. Somente a opinião nos faz felizes. Tudo, no mundo, é tão obscuro e variável que é impossível saber alguma coisa ao certo, como assinalaram muito bem meus bons amigos acadêmicos, os menos impertinentes de todos os filósofos; ou, se alguém consegue saber alguma coisa, é quase sempre em detrimento da felicidade da vida. Enfim, o homem é feito de maneira que as ficções lhe causam muito mais impressão que a verdade.

Sabemos que, em princípio, a missão do jornalista é narrar o que aconteceu, enquanto a do ficcionista é flanar no que poderia ter acontecido. Porém, desde quando essas categorias se separam como a água e o óleo? Não podemos negar que a arte da escrita (e isso vale para ambos os casos) tem poderes de envolvimento muito eficazes. Nossa tarefa é refletir sobre isso: perguntarmo-nos quantas vezes os jornais nos dizem, com roupagem atual, que o velho Ulisses é o único capaz de manejar o arco.

Podemos quebrar o encanto, mas não o bom humor. Não desejemos a nenhum jornalista um tal estado agudo de lucidez que o conduza do pragmatismo ao niilismo. Nessas condições, ele não seria capaz sequer de sair à rua. Na época insone do existencialismo, o famoso Jogral e os outros bares no subsolo da Galeria Metrópole, no centro de São Paulo, foram o refúgio de jovens jornalistas do *Estadão* e da revista *Realidade*, cujas redações ficavam ali perto. Mas esses tempos etílicos, entre o ser e o nada, ficaram para trás. A verdade é que o homem da imprensa tem de ter vitalidade para destrinchar as coisas que acontecem fora do castelo. *Punch* para mover-se no mundo.

Já o filósofo, trancado em casa, tem o privilégio de trabalhar com ideias abstratas. Não precisa falar do buraco na rua, de como surgiu aquilo ali, da qualidade do asfalto, do órgão municipal encarregado de tomar providências; o filósofo, sem tirar o pijama, pode dissertar sobre a irresponsabilidade do poder público como herança da contrarreforma na psique das classes dominantes da América Latina. Pronto, está resolvido. Como ficaria, nesse cenário de implicações sem fim, a figura do jornalista, com uma pauta no bolso e um relógio no pulso, apressado, pressionado, algemado aos dogmas da factualidade? Não pode voar alto, é certo, mas também é um risco deixar-se aprisionar dentro de um mero buraco de rua.

"No momento em que o jornalismo se limita à factualidade restrita, está apreendendo um aspecto muito diminuto da realidade", adverte Edvaldo Pereira Lima (1993, p. 239). E continua: "Em decorrência, torna-se difícil apontar ao leitor um sentido ou um significado mais amplo do acontecimento que aborda". Essa ideia se afina com Arnold Toynbee. Bem antes de o reducionismo levar a pecha de mal do século, o historiador inglês, em *Um estudo da história* (1986, p. 15), já rejeitava "o hábito contemporâneo de estudar a história em termos de Estados nacionais; estes parecem ser fragmentos de algo maior: uma civilização".

Ora, se um país pode ser entendido assim, como fragmento de uma civilização, o que não diríamos de um buraco de rua, nesse mesmo país, resultado de um fragmento de asfalto que se perdeu? Não devemos subestimá-lo. Não raras vezes, é por sua excelência, o buraco de rua, que o jovem jornalista começa a praticar seu ofício.

Imaginemos uma boa reportagem sobre certo buraco de rua; não necessariamente extensa, mas surpreendente, criativa, talvez bem-humorada, que com algumas pinceladas abordasse desde o problema da qualidade do asfalto até o fenômeno da contrarreforma religiosa. Quem fala? Para começar, o filósofo. Suponhamos que ele more nessa rua esburacada. Aspas para ele, portanto. Vamos ouvi-lo. Mas sem esquecermos a comerciária que torceu o pé naquele buraco, justo na manhã em que ia fazer teste para modelo; aspas também para o português que viu tudo do balcão da padaria; e para o superintendente de obras viárias, que utilizará sua fala para jogar a culpa na companhia de eletricidade, valendo-se da habilidade de um assessor de imprensa.

Uma reportagem desse tipo, por melhor que saísse, não apenas em termos jornalísticos, mas também aristotélicos quanto à coerência interna do mito, jamais chegaria a produzir aquela *verdade final e autorizada* a que Foucault (2004) se refere. Por que só esses quatro falam? Abrir aspas para as declarações do filósofo, da comerciária, do português e do superintendente pode ser um recorte temático discutível. E por que

32 A notícia como fábula

não abrimos aspas para o motorista de caminhão, o mendigo, o louco, a prostituta, o trombadinha? O buraco é da cidade — e a cidade é de todos.

Por mais gente que entrevistássemos nessa rua, a matéria jamais agradaria Michel Foucault. No entanto, poderia vir a agradar Edvaldo Lima, ao superar a *fatualidade restrita* de um buraco de rua em frente à padaria do português; e também Arnold Toynbee, que nos incita a ultrapassar o mundo concreto e oficial (um país onde as ruas têm buracos) para tentar entender a civilização em que vivemos. Em outras palavras, saber quem somos, de onde viemos, para onde vamos.

Surge diante de nós, neste momento, um fenômeno inquietante: ampliar o contexto de uma notícia, agregando elementos reais, pode torná-la mais convincente, saborosa, se o trabalho for feito com talento, porém não necessariamente mais "verdadeira". Diríamos até que pelo contrário. A própria inclusão de elementos ampliadores cria um cenário interpretativo. O redator transforma-se em autor, talvez em cronista, e aquele buraco de rua, tão banal, pode ganhar *status* de símbolo. Entramos então nos domínios da arte literária.

Na literatura, temos consciência de que o que está escrito resulta de escolhas feitas pelo autor. No jornalismo, essas escolhas estão camufladas diante do leitor comum — mas existem. Para começar, escolhe-se uma pauta, que de algum modo irá condicionar o olhar do repórter; escolhe-se o próprio repórter que executará o trabalho, entre um grupo de pessoas diferentes em termos de convicções, caráter, temperamento, experiência e talento; esse repórter, ao realizar a tarefa, escolhe seus entrevistados apenas até certo ponto, já que muitas vezes terá de se conformar em pegar *quem estiver disponível no momento*; e, por fim, na hora de escrever, o repórter também terá de se valer, por assim dizer, das *palavras que estiverem disponíveis no momento* em sua memória, entre o repertório de quatro ou cinco mil que são necessárias para exercer a contento a profissão de jornalista. Temos aí, portanto, uma sucessão de escolhas. Mas o texto pronto, sem arestas, dá ao leitor a impressão de contar com chancela de uma autoridade invisível. Cumpre-se a síndrome do "me engana que eu gosto".

FORMAS DE PERCEBER O MUNDO

IVETE LARA CARMAGOS WALTY (1986, p. 24) observa:

> [...] o que está à nossa volta e nos parece tão concreto não é tão real assim. Não se trata, é claro, de atravessar a rua sem olhar porque os carros seriam simples ficção, já que, assim, você correria o risco de sair dessa pra outra, não é mesmo? Mas pode-se perguntar a razão de ser do automóvel, do trânsito pesado e engarrafado, das condições de vida na cidade grande, da noção de progresso etc.
>
> Isso nos leva a refletir sobre as diversas formas de se perceber o mundo e a nos perguntarmos, como o faz [João] Guimarães Rosa, se não há possibilidade de se ver uma "realidade superior com dimensões mágicas que se abrem para novos sistemas de pensamento", como aquela criança que, diante de um túnel, cisma e pergunta: "Por que será que sempre constroem um morro em cima dos túneis?" Ou da outra que, diante de uma casa em demolição, observa: "Olha, pai, estão fazendo um terreno!". (WALTY, 1986, p. 24)

E poderíamos lembrar ainda outro menino que surpreende um escultor desta forma: "Como é que você sabia que dentro daquela pedra tinha um leão?". Nessa linha, os exemplos são muitos. E nos provocam o sorriso que dedicamos às coisas que há muito deixamos para trás.

A notícia como fábula

Seria um erro, no entanto, tomar o olhar infantil sobre as coisas do mundo como um indício de insuficiência mental. Essa mesma "virgindade de pensamento", própria de quem viveu pouco, pode ser uma ferramenta para o repórter captar elementos originais e ampliadores do seu tema. A criatividade na abordagem inicial condiciona os movimentos do jornalismo para afinal se projetar no texto. A esse percurso, cuja meta não é a "verdade", mas o envolvimento, agregam-se recursos narrativos e descritivos que acabam provocando certo "borbulhamento ficcional".

Enquanto os ocidentais buscam a verdade, os orientais buscam a harmonia. Essa diferença é básica. Porém, ao reconhecê-la, não devemos pensar em divisões estanques. O Ocidente, a seu modo, também sabe apreciar a força da harmonia. Basta lembrar, por exemplo, o velho adágio italiano "si non è vero, è ben trovato" (tradução livre: se for mentira, foi bem contada). Temos de admitir que a convenção da ficcionalidade, própria da literatura, e que dá o carimbo de validade aos girassóis medievais de Calvino, não pode ser aplicável na mesma medida ao jornalismo, modalidade homeopática da historiografia. Um repórter de turismo que fosse à Toscana e falasse dessa planta ao tempo da Peste Negra cometeria um erro de informação, pois seu ofício se baseia em algo a que chamamos convenção da veracidade.

Veracidade (yin) e ficcionalidade (yang) são coisas diferentes, todos sabemos. Porém é de se notar que nessas duas expressões, hoje consagradas, tais termos aparecem precedidos pela mesma palavra: convenção. Isso dispara sobre ambos um jato de ambiguidade, o que constitui o foco de nossa reflexão.

Jornalismo e historiografia trabalham com diferentes escalas de tempo, diferentes métodos, mas compartilham a convenção

Si non è vero, è ben trovato   35

da veracidade. Alimentam-se reciprocamente na construção de um painel maior, que é a memória da civilização. O jornalista precisa do historiador para não produzir um relato tão concreto, tão restrito (um buraco de rua) que se confundisse com a pura ficção (um buraco no ar).

Na falta dessa retaguarda histórica, o jornalista transforma-se num ficcionista — porém, sem gozar o beneplácito da convenção da ficcionalidade. O historiador é quem o fará entender até que ponto uma aparente novidade é mera repetição disfarçada de um padrão antigo, ou como um acontecimento pontual se encaixa nesse painel maior.

O escritor alemão Hermann Hesse (1975, p. 32) dá um exemplo interessante de um tipo de ampliação praticada em uma civilização bem diferente da nossa:

> Os chineses, este povo espantosamente inteligente, desde as mais remotas eras têm um costume sagrado: todos os acontecimentos públicos, como mudanças de governo, revoluções, vitórias, calamidades, fome, eles os datam sempre de 25 anos antes de sua real ocorrência. É que, como pensam os chineses, as revoluções e outras calamidades, mesmo se ocorridas hoje, precisam ser recuadas de pelo menos 25 anos para serem corretamente entendidas, para se conhecerem suas causas, para, enfim, se poder colher de tais acontecimentos um pouco mais de sabedoria. Com efeito, como mostra a milenar experiência, 25 anos são o espaço de tempo de que precisamos para que as raízes boas ou más possam dar a conhecer os seus verdadeiros resultados.

Sem referências desse tipo, que incluem raízes invisíveis, até mesmo um acontecimento de grande magnitude social, como uma revolução ou um terremoto, corre o risco de render uma narrativa banal. É a factualidade restrita a que se refere Edvaldo Lima (1993). Um fato histórico se reduz a um buraco de rua. Em contrapartida, aquele discreto buraco de rua, entre tantos outros no mesmo bairro, pode ganhar relevância por estar justamente em frente à padaria do português. Basta levarmos em conta, por exemplo, que esse homem chegou de Angola há 25 anos, escapando da revolução socialista, e se estabeleceu nessa rua quando ela ainda era de terra e poeirenta, foi inúmeras vezes autuado pelos fiscais por questões de higiene devido à poeira e liderou um movimento para exigir recapeamento asfáltico da rua, mas agora está ficando surdo por causa do ronco dos caminhões e do tráfego pesado e, passados tantos anos, já começa a ter saudades de Angola, aonde nunca mais voltou.

Um instante! Mas a pauta não era sobre buraco de rua? Era. Agora é sobre buracos na alma. O português perdeu tudo o que tinha antes, assim como a comerciária perdeu tudo o que teria depois. Era a sua grande chance de virar modelo, mas torceu o pé naquele buraco, ao subir no ônibus.

O editor (pergunta-se o jovem repórter) entenderá essa mudança de rumos? Talvez até entenda, mas não publicará a matéria, porque a pauta era sobre buraco de rua: a história da comerciária não interessa, a do português, menos ainda, e aquele entrevero todo em Angola, tanto tempo atrás, já não tem importância jornalística. Além do mais, como bem sabemos, jornal não é lugar para fazer literatura. O repórter que aprenda a cumprir a pauta — mesmo com um buraco na alma, como seus personagens. Uma pauta deve ser uma partitura? Um boletim de ocorrência? Uma ata de assembleia?

Linda Hutcheon (1991, p. 141) tenta nos dar essa resposta, a seu modo:

Si non è vero, è ben trovato 37

[...] é essa mesma separação entre o literário e o histórico que hoje se contesta na teoria e na arte pós-modernas, e as recentes leituras críticas da história e da ficção têm se concentrado mais naquilo que as duas formas de escrita têm em comum do que em suas diferenças. Considera-se que as duas obtêm suas forças a partir da verossimilhança, mais do que a partir de qualquer verdade objetiva; as duas são identificadas como constructos lingüísticos, altamente convencionalizadas em suas formas narrativas [...].

Essa última frase de Hutcheon, depois do ponto e vírgula, é digna de nota. Ela chama a atenção para as convenções vigentes no mundo da escrita; desconectando-as da *verdade objetiva* e da *garantia de sentido*, a que Foucault (2004) chamou de *verdade final e autorizada*.

No jornalismo, nenhuma pauta é neutra. Como já vimos antes, ela impõe um modo de observar, um cacoete, uma embocadura que condiciona as palavras ainda por serem escritas, após uma sucessão de escolhas das quais o leitor não suspeita. Por escolha do editor, não tem cabimento falar da revolução angolana, talvez nem mesmo do português da padaria, quando se trata de falar dos buracos de rua naquele bairro. A palavra do superintendente de obras tende a ter preferência na redação, pois a versão oficial, em virtude da semelhança a algo que já lemos na semana passada, atende melhor à convenção da veracidade e, por protocolar que seja, dá certa impressão de objetividade. Maria Lourdes Motter (2001, p. 19) reflete:

A sustentação do mito da objetividade dos fatos, da crença de que eles "falam", subjaz à credibilidade e alimenta a confiança na verdade que os jornais "mostram" como realidade cotidiana.

OBEDIÊNCIA AO SENSO COMUM

TANTO A HISTÓRIA quanto o jornalismo colocam-se em relação à literatura com um compromisso a mais: o de dizer coisas demonstráveis ou, pelo menos, não frontalmente contrárias ao senso comum. Mas comum a quantos? A quem? Ora, falamos de crenças, valores e expectativas que vigoram entre o público ao qual um determinado texto se dirige, apenas isso, e não a uma banca de examinadores extraterrestres. Em *Underground*, do ponto de vista da comunidade que vive no subsolo, é perfeitamente lógico continuar ali, a salvo de uma suposta guerra que grassa lá fora. A versão apresentada por Marko, fantasiosa, manipulada, não é passível de verificação e, mais que isso, está em consonância com certo conhecimento prévio. Em outras palavras, ele faz ficção, mas apresenta-a como fato.

Para que a síndrome do "me engana que eu gosto" atue, é necessário que os elementos de ficção introduzidos pelo autor tenham compatibilidade com os fatos reais; não pode tratar-se apenas de fantasias ou de castelos no ar. No caso de *Underground*, faz-se necessária a referência à guerra que já não mais existe, porém ainda chega aos membros da comunidade subterrânea como a luz de uma estrela extinta. Marko é a fonte de informação. Não há outra.

Seria preciso outra fonte — o própro filme de Kusturica — para mostrar a realidade maior, externa, na qual a guerra é assunto encerrado. Porém, essa outra mídia só está disponível a uma outra comunidade, nós, os telespectadores, não às personagens subterrâneas que fabricam armas. Não se trata, portanto, de negar que a realidade possa ser conhecida de um horizonte mais amplo. "O que a linguagem distingue no mundo real existe objetivamente, uma vez que a própria realidade, considerada como classe de objetos, existe fora de nós e independentemente de nós", ressalta Maria Lourdes Motter (2001, p. 19). "Criar a imagem da realidade não implica que os objetos sejam eles próprios criados pela linguagem."

Entretanto, ela própria admite que isso é fonte de divergência entre os teóricos. "Para alguns, a linguagem cria uma imagem da realidade de maneira arbitrária, unicamente em função da escolha de uma língua", continua Motter (2001, p. 19).

> Para outros, a linguagem é um reflexo da realidade. Para os que defendem a primeira tese, prevalece a imagem subjetiva do mundo, enquanto para os defensores da segunda tese prevalece a teoria vulgarizada do reflexo e do sujeito passivo.

Reflexões desse tipo podem parecer inconclusivas, mas nos ajudam a lançar um olhar menos crédulo sobre o texto jornalístico.

3

Outro passeio no bosque

◆

Ao adentrar nos bosques da ficção, usando a expressão de Umberto Eco (1999), topamos com a abertura do célebre romance de Franz Kafka (1975, p. 7): "Uma manhã, ao despertar de sonhos inquietantes, Gregor Samsa deu por si na cama transformado num gigantesco inseto". Isso por certo não soa estranho aos aficionados da literatura. Ao contrário, já se tornou tão natural como pode ter sido, para os leitores da *Folha de S.Paulo*, em 23/1/2004, a primeira frase da matéria assinada por Fabiane Leite na abertura caderno Cotidiano: "Um jovem de 17 anos foi morto a tiros, na madrugada de ontem, em uma tentativa de fuga dentro da unidade 3 do complexo Vila Maria da Febem, na zona norte de São Paulo".

Vamos admitir, na forma de um axioma, que a frase de Kafka represente o ápice da ficção; e a de Fabiane, por sua vez, um exemplo típico de um texto jornalístico de caráter estritamente noticioso. Atribuiremos à primeira o grau 10 e à outra o grau 0 numa *escala de fabulação*. Esse instrumento imaginário nos permitiria aferir (ou pelo menos estimar) a *taxa ficcional* de determinado texto.

É evidente que, num exercício deste tipo, dirigido aos campos linguístico e simbólico, não podemos esperar o mesmo grau de exatidão de medições aplicadas aos fenômenos do mundo físico. Nossa escala de fabulação, portanto, nada tem que ver com a conhecida escala Richter, que mede a intensidade dos tremores de terra, nem com aquela outra que, na química, indica o grau de acidez de um líquido. Seu mecanismo é o senso comum, nossa experiência comum como viventes e leitores.

Para criarmos uma escala desse tipo, cujos extremos são essas duas frases — a de Kafka e a de Fabiane —, temos de investigar quais elementos, em cada uma delas, justificam sua polaridade. Em outras palavras, trata-se de estabelecer a gama de contrastes entre elas, identificar os elementos que, segundo nos parece à primeira vista, colocam uma delas no domínio dos fatos, e a outra no campo ficcional. A esses elementos daremos o nome *fatores de fabulação* (FF).

FATORES DE FABULAÇÃO

Os DICIONÁRIOS REGISTRAM diferentes acepções para a palavra *fábula*. A mais restrita aplica-se, por exemplo, à obra de La Fontaine. São narrativas breves, de caráter alegórico, muitas vezes envolvendo bichos que se comportam como gente, e culminam em um preceito de conduta, a chamada "moral da história". Outra acepção diz respeito a relatos não necessariamente dirigidos às crianças, como é o caso do *Livro das maravilhas*, de Marco Polo, mas que encantam os adultos por meio de elementos *fabulosos*, isto é, supreendentes, grandiosos, impactantes, que podem ocorrer apenas em lugares distantes ou em circunstâncias especiais. Uma terceira acepção, mais ampla, define como qualquer texto que transite pelos domínios da fantasia, seja de modo explícito, valendo-se de uma liberdade criativa que fica evidente aos olhos do leitor, seja de modo dissimulado, falseando a realidade.

Aqui, partiremos dessa terceira acepção, a mais geral, adequando-a ao foco principal deste ensaio. Quando falamos em fabulação, tendo em vista o universo do jornalismo, queremos nos referir a textos embasados em fatos públicos ou plausíveis, mas cujos atributos internos (de enfoque ou linguagem) levam o leitor pelos caminhos da fantasia, sem que ele necessariamente o saiba. Ele pode chegar mesmo a comprar gato por lebre, em certos casos, quando ocorre falseamento de dados da realidade, mesmo num texto dito objetivo; mas em outros, pode simplesmente deixar-se envolver por artifícios estéticos, quando o autor lança mão de recursos literários. Por conseguinte, os fatores de fabulação são entidades amplas e multiformes. Atuam de maneira direta (quando eles próprios são os agentes ficcionalizantes) ou indireta (quando são apenas condições facilitadoras). De modo geral, podemos defini-los como as características intrínsecas ou extrínsecas de um determinado texto que nos permitem enquadrá-lo como ficção.

Comecemos pela inverossimilhança. O texto de Kafka é claramente inverossímil porque nos propõe algo (uma pessoa despertar na forma de inseto) que foge ao senso comum, sendo, aliás, típico do universo dos sonhos, em que podemos abdicar da lógica. Já o texto de Fabiane Leite fala de um episódio plausível e recorrente (a morte em uma rebelião dentro do reformatório).

44   A notícia como fábula

Outra coisa que salta aos olhos é a incidência de adjetivos. Aparecem dois no trecho traduzido de Kafka, que nessa versão em português é ligeiramente menor que o fragmanto de matéria de Fabiane, numa relação de 118 para 169 caracteres. O primeiro é "inquietantes" (referente aos sonhos do protagonista) e o outro é "gigantesco" (aplicado ao inseto em que ele se vê transformado).

Na frase da repórter da *Folha*, não há adjetivos. Não estranharíamos se Fabiane houvesse usado "inquietante" para qualificar a tentativa de fuga (pois não há dúvida de que o seja, segundo nossa experiência) ou "gigantesca" para referir-se à Febem (que pode ser mensurada e comparada a instituições congêneres). No entanto, sabemos que os manuais de redação, em geral, desaconselham ou vetam o uso de adjetivos, sobretudo os de caráter subjetivo (é o caso de "inquietante"), como medida profilática em favor da doutrina da objetividade, da isenção, da imparcialidade, da neutralidade e coisas do gênero.

Como sabemos, isso acabou por virar uma obsessão profissional durante o século XX. Ana Taís Martins Portanova Barros (1998, p. 104) afirma:

> No Brasil, desde o século XIX, [o jornalismo] tenta constituir um campo "científico" e, a exemplo do que já ocorrera em outros países, adota a linguagem racionalizante para obter boa performance no quesito "objetividade", qualidade esta requerida para que algo pertencesse à ciência.

Na matéria comum do dia a dia, não é dado ao repórter o direito de usar palavras de cunho interpretativo (os adjetivos), assim como um hospital não permite que suas enfermeiras usem amplo decote ou batom vermelho. Em tudo isso está envolvido um gerador de lucro: a credibilidade. Porém, se refletirmos sobre esses tão ilustres e celebrados substantivos — objetividade, isenção, imparcialidade e neutralidade —, descobriremos neles uma ambiguidade semântica tão expressiva quanto aquela de um adjetivo como *inquietante*. São palavras, por assim dizer, andróginas. Funcionam conforme o contexto. Achar que elas são aquilo que são, sempre, é flertar com a utopia.

Disto se depreende que tanto um substantivo quanto um adjetivo podem funcionar igualmente como fator de fabulação. E não esqueçamos a sua majestade, o verbo, carro-chefe das mensagens curtas e frases telegráficas como as que caracterizam, na mídia, as manchetes e chamadas de capa. Se um órgão de imprensa publica, por exemplo, *MST ocupa a fazenda X*, optando pelo verbo *ocupar*, mostrará certo grau de tolerância em relação à inciativa do Movimento dos Sem Terra, sugerindo uma incursão pacífica, ou até legítima, sobre uma propriedade ociosa. Seria diferente se fosse: *MST invade a fazenda X*. O verbo *invadir*, de caráter transgressivo, usurpador, transmite um sentido de ameaça capaz de inquietar mesmo o leitor urbano que jamais sonhou em ter uma propriedade rural. No entanto, em ambos os casos, o redator poderia alegar que não deturpou a realidade. Deturpar, não deturpou, no sentido criminal. Mesmo assim, seria um sofisma. Ao escrever sobre o que aconteceu, mesmo de forma direta, sem adjetivos, o redator direcionou o leitor a um sentimento que ultrapassa o fato. Isto é, *lato sensu*, produzir ficção.

Imaginemos aquela frase inicial de Fabiane redigida do seguinte modo: "Um *delinquente* de 17 anos foi morto a tiros, na madrugada de ontem, em *mais* uma tentativa de fuga dentro da unidade 3 do complexo Vila Maria da Febem, na zona norte de São Paulo." A palavra *delinquente* (neste caso substantivada)

46 A notícia como fábula

é tão cabível para alguém que está num reformatório quanto a palavra *jovem* se aplica a uma pessoa de 17 anos. Seu uso nada tem de subjetivo; se não a tolerarmos, será apenas por um padrão ético que nos impede de estigmatizar um adolescente que morreu ontem, tendo uma vida pela frente, e era provavelmente um ser achatado na base na pirâmide social, sem as oportunidades que tivemos nós, leitores do jornal.

Mas tudo isso (inclusive a ética) constitui um fator de fabulação. Do ponto de vista da linguagem, primeiro compromisso de quem escreve, dizer que "um *delinquente* de 17 anos foi morto a tiros" é tão exato quanto dizer que "um industrial de 85 anos ganhou, sozinho, o primeiro prêmio da mega-sena", por mais que, num ou noutro caso, achemos injusto, em si, o evento que queremos reproduzir em palavras, ou seja, o referente.

O adjetivo tornou-se o bode expiatório dentro de um gênero de escrita — o jornalismo — que busca credibilidade por meio de fatores de fabulação mais dissimulados, mas não menos artificiosos que os da literatura. Vamos pegar a frase de Kafka e modificá-la ligeiramente, como fizemos com a de Fabiane: "Uma manhã, ao despertar, Gregor Samsa deu por si na cama transformado num inseto." Caíram os adjetivos. Mas, na essência, nada mudou.

Na frase original de Kafka, o único fator de fabulação é a inverossimilhança. Não há sequer uma metáfora para acentuar o caráter literário. Se tomarmos a frase do autor tcheco e dermos a ela uma ambientação brasileira, poderia ficar assim: "Uma manhã, ao despertar, Gregório Sampaio deu por si na cama todo picado de insetos". E esta poderia ser uma matéria da própria Fabiane, na periferia de São Paulo, sobre a disseminação da dengue.

Um conhecimento anterior à leitura também condiciona o pacto que estamos dispostos a fazer com o autor do texto. Que tipo de material temos em mãos? O que podemos esperar dele? A frase de Kafka está num livro, *habitat* da ficção, e temos plena consciência disso ao iniciar a leitura. Já a de Fabiane aparece numa página de jornal, no qual a invenção é proibida pelo próprio regimento interno do castelo.

Fernando Resende (2002, p. 43):

> Dentre as várias implicações acarretadas pelo pressuposto situacional — por exemplo, a questão da objetividade e/ou subjetividade do discurso e a estratégia estilística a ser empregada — observe-se o indivíduo que fala: o literato e/ou o jornalista. Se a fala do literato só pode ser compreendida enquanto enunciação de uma não verdade (conforme a própria função a define), deve-se perguntar, então: qual é o lugar deste indivíduo capaz de vislumbrar o nada? O lugar mitificado do autor inatingível? Da mesma forma, se a fala do repórter só pode ser compreendida enquanto enunciação de um ato verdadeiro, qual é o lugar ocupado por este que anuncia a verdade? O lugar, também mitificado, do repórter imparcial?

Com base nessa reflexão de Resende, podemos nos perguntar: o que mais diferencia as duas frases que estão nos pontos extremos de nossa escala de fabulação? Então deparamos com um outro fator: a verificabilidade. A frase de Kafka não traz referência de tempo e espaço. Não sabemos quando e onde aconteceu esse episódio que tem Gregor Samsa como protagonista; é um evento que paira no ar, envolto em brumas. Em suma, é irrecobrável. Já Fabiane, embora omita o nome da vítima, fornece informações precisas, sua idade e dados concretos sobre o episódio: aquilo aconteceu na madrugada anterior, na Febem da Vila Maria, em São Paulo. Se nos dispuséssemos a checar o fato, talvez tivéssemos inúmeros caminhos,

48 A notícia como fábula

desde a consulta a outros órgãos de imprensa até a visita à delegacia do bairro.

PODEMOS MESMO CHECAR?

A POSSIBILIDADE REAL de checagem de uma notícia é colocada em discussão por Dulcília Buitoni (1986, p. 15):

> [...] alguns autores falam que o jornalismo é demonstrável: o público pode conferir o narrado. Todavia, essa verificabilidade é mais potência que ato, pois dificilmente o receptor tem meios de chegar à notícia. Existe uma certa possibilidade de verificar se o fato foi assim mesmo [...]; porém, apesar da realidade manifesta, o relato sempre tem contornos ficcionais.

Claro que isso poderia gerar uma longa discussão. Entretanto, no caso da notícia considerada, a da rebelião na Febem, não nos dispomos à checagem porque o texto da *Folha* nos apresenta um fato recorrente, quase banal, dentro da realidade brasileira. Já vimos muitas vezes notícias de jovens mortos em rebeliões em reformatórios. Se o incidente tivesse ocorrido dentro de uma igreja, um hospital, uma repartição, por certo nos chamaria mais a atenção. E aí cobraríamos mais caro por nosso aval, ou pelo santíssimo sacramento da suspensão da descrença, do qual depende a salvação não apenas dos escritores, mas também dos jornalistas. Se o menor houvesse sido assassinado no palácio do governo, ou dentro de uma usina atômica, Fabiane precisaria de mais elementos de composição de cena e mais recursos narrativos para ganhar nossa confiança.

Em outra circunstância, o fato narrado continuaria sendo plausível, mas não recorrente, e com isso perderia o respaldo de muitos outros fatos semelhantes. "Ora, isso aconteceu tantas vezes, essa foi só mais uma", pensamos, e assim de algum modo damos fé ao que o jornal nos diz, sem necessidade de telefonarmos à delegacia para saber se é verdade. Portanto, no caso de Fabiane, o fato beneficia-se da própria banalidade como apoio à credibilidade do texto, enquanto para Kafka a singularidade do acontecimento sobressai como fator de fabulação.

Podemos nos perguntar por que esse texto de Kafka vem seduzindo tantos leitores adultos desde que foi publicado pela primeira vez, em 1916, se em sua primeira frase já desfralda uma incongruência que só as crianças, em seu mundo mágico, parecem capazes de digerir. Ele já começa, afinal de contas, com uma "mentira deslavada", ao contrário do de Fabiane Leite, ao nos informar que um jovem de 17 anos foi morto a tiros, o que, podemos supor, confere com a ocorrência registrada em certa delegacia de São Paulo.

Se o leitor confia nas fontes do jornalista, ainda que não vá conferi-las, no campo da literatura existe aquilo que o filósofo e poeta inglês Samuel Taylor Coleridge denominou suspensão voluntária da descrença (*the willing suspension of disbelief*). Trata-se de um ato de fé e de renúncia à racionalidade e ao rigor do senso crítico em favor da fruição de uma história.

A questão é abordada por Umberto Eco (1999, p. 81) em *Seis passeios pelos bosques da ficção*:

> A norma básica para se lidar com uma obra de ficção é a seguinte: o leitor precisa aceitar tacitamente um acordo ficcional [...]. O leitor tem de saber que o que está sendo narrado é uma história imaginária, mas nem por isso deve pensar que o escritor está contando mentiras. [...] Aceitamos o acordo ficcional e fingimos que o que é narrado de fato aconteceu.

Esse fenômeno da suspensão voluntária da descrença é o que viabiliza não apenas a literatura fantástica, mas a ficção de modo geral. A questão é saber se ele não estaria presente também no texto jornalístico, valendo-se de fatores de fabulação menos reconhecíveis, para obter o que qualquer texto almeja: a suprema graça de ser lido.

A originalidade e a surpresa contam a favor de Kafka, garantindo-lhe o grau 10 como teor de fabulação; a previsibilidade e a recorrência sustentam a posição de Fabiane, colocando-a no outro extremo da escala. Mas e o que está situado entre esses dois pontos? Nesse espaço intermediário, podemos colocar quase tudo o que está disponível nas livrarias e bancas de jornal, com diferentes graus de fabulação. Para continuarmos tentando entender nossa questão principal, precisamos ir em busca de outros fatores que dão caráter ficcional ao que lemos na imprensa. É o que faremos nos capítulos seguintes.

4

Periodicidade e silêncio

◆

No começo da década de 1960, uma emissora de rádio de Rio Grande mantinha, dentro de seu noticiário noturno, um espaço reservado a um correspondente que ficava baseado o ano todo no distrito balneário a cerca de 20 km da cidade, ali onde minha família tinha um hotel que, como os outros dois, naquela época, permanecia fechado muitos meses. No Cassino não acontecia quase nada fora da temporada de veraneio — quando muito, uma chuva de granizo ou um roubo de galinhas, a cada duas ou três semanas. Sem assunto, o correspondente tinha por hábito entrar no ar com uma única frase mais ou menos assim: "No Cassino, nada de novo, tudo dentro da mais absoluta ordem e serenidade. Boa noite".

Esse bordão era motivo de chacota entre os moradores da cidade. Talvez não soubéssemos valorizar seu efeito tranquilizador naquela época em que quase não havia criminalidade. Engana-se, porém, quem acha que coisas desse tipo só acontecem na mídia provinciana. A maior cadeia radiofônica nacional, aquela que transmite diariamente *A Voz do Brasil*, também já apresentou uma pérola desse tipo a seus milhões de ouvintes. Certa vez, o locutor anunciou com voz pomposa a tradicional seção "Aviso aos Navegantes", para em seguida concluir: "Não há aviso".

Esses dois exemplos pontuais retratam — ainda que de modo um pouco folclórico — um elemento fundamental do jornalismo: o compromisso com a periodicidade. Na imprensa, mesmo uma forma vazia funciona melhor que a omissão. O rádio não pode se calar, ao contrário da geladeira ou do ventilador.

O SILÊNCIO NA LITERATURA

ALGUNS ESCRITORES, CEDO, calaram-se para sempre. Entre os mais conhecidos, podemos citar o mexicano Juan Rulfo (que parou de escrever aos 37 anos), os americanos Dashiell Hammett (aos 40) e J. D. Salinger (aos 46) e ainda o brasileiro Raduan Nassar (aos 49).

"Muito já se escreveu sobre a arte da poesia, ou da narrativa" — afirma o escritor Sérgio Sant'Anna em um ensaio no *Jornal do Brasil* (19/1/1992), "mas nada sobre essa outra arte tão dura e demandante de rigor que é a de silenciar quando não se tem o que dizer, ou o desejo de dizê-lo, ou, principalmente, os recursos para tanto".

A arte de silenciar quando não se tem o que dizer — para adotarmos a expressão de Sant'Anna — pode valer para o escritor, mas jamais para o jornalista. Este último não tem direito à omissão; e dessa contingência profissional, como veremos adiante, resulta um fator de fabulação no jornalismo.

Para começar, vamos colocar esse assunto do ponto de vista do leitor. Quando ele vê um novo livro de ficção na livraria, sabe que está diante de uma publicação não periódica. Ou seja, aquele objeto existe porque seu autor tinha algo a dizer que considerava relevante. Nada garante que lançará outro livro num espaço de dois, três, cinco ou dez anos. Se o fizer, será pelo fato de ter, a seu juízo, novas coisas relevantes a dizer.

Do mesmo modo, o fato de um autor lançar um livro de 150 páginas não o obriga, é claro, a repetir tal extensão na próxima obra, que poderá ter menos ou mais que isso. Os livros de ficção são de tamanho compatível com o que tiverem para contar. É um pressuposto desse gênero de escrita.

Quanto ao jornal, é bem diferente. A edição que está na banca, hoje, ocupa o lugar daquela de ontem e da outra que estará ali amanhã. Todas elas serão, se não iguais, de formatos muito parecidos. Há, portanto, uma periodicidade e uma extensão padronizadas, que em princípio não podem ser alteradas.

Apesar de o livro e o jornal terem essas características opostas — flexibilidade e rigidez, respectivamente — no que diz respeito à periodicidade e ao tamanho, compartilham sua missão primordial: são objetos que dizem coisas que devem ser de interesse do leitor, caso contrário, não precisariam ser ditas.

Essas coisas, cada qual a seu modo, devem conectar-se com a vida das pessoas. Ora, sabemos por experiência que os eventos relevantes não se distribuem de modo homogêneo ao longo dos dias, semanas e meses. Ao contrário, muitas vezes ocorrem golfadas e aglutinações entremeadas com períodos mais ou menos prolongados de estabilidade, ou mesmo de marasmo, em que nada de importante acontece.

Grande parte das pessoas, se não todas, estaria disposta a admitir que assim é o fluxo da vida, seja no plano individual ou no geral. Porém, muito poucas, provavelmente, levariam a sério uma publicação jornalística que apresentasse oscilações no tempo e no espaço, como acontece com os lançamentos na área de ficção.

CREDIBILIDADE E REGULARIDADE

UMA REVISTA OU JORNAL que aparecesse nas bancas em intervalos irregulares e com número de páginas variável, conforme o que tivesse a dizer em determinado momento, por certo enfrentaria problemas do ponto de vista financeiro e empresarial. Não contaria com a credibilidade do público se não se pautasse pelos números do calendário. A regularidade tem um efeito confirmatório, ainda que sob um ponto de vista mais profundo contrarie o fluxo da vida.

O que vemos aqui é, portanto, uma discrepância entre a peridiocidade do jornal e a profundidade de seu conteúdo. Disso se depreende que, assim como em certas edições coisas importantes devam ser omitidas ou minimizadas por causa da limitação do espaço, em outras haverá assuntos secundários ou até irrelevantes que ganharão destaque mediante artifícios editoriais que escapam ao leitor comum. Muitas vezes é necessário ocupar as páginas que ficaram sem anúncio ou substituir algum que *caiu* na última hora.

Essa mecânica (invisível para o leitor) de ocupação de um espaço padronizado a intervalos regulares impõe que o jornal seja como uma esponja. Isto é, um objeto poroso, capaz de abrigar outro maleável, de modo indiscriminado, até o limite de sua saturação, e não além disso. O líquido não pode mais penetrar na esponja quando ela está empapada, assim como os fatos da vida (que fluem de modo incessante, porém irregular) também não podem virar notícia quando uma edição está impressa — a não ser, evidentemente, que se trate da morte súbita do papa ou do presidente, o que ensejaria uma edição especial. Embora sendo uma esponja, o jornal tenta parecer um filtro aos olhos do leitor. Entre este e o jornalista há um acordo tácito mais ou menos nesta base: "Você, que sabe mais do que eu sobre o conjunto das coisas que acontecem, queira selecionar para mim aquelas que eu preciso saber". Ou seja, se não houvesse nada importante, o jornalista nada noticiaria, assim como o médico, presumivelmente, não receita nenhum remédio quando não há doença.

Vemos então que o leitor paga por um filtro, mas na verdade recebe uma esponja. Temos aqui um fator de fabulação, baseado na periodicidade do jornal. Ele vende um ilusório serviço de filtragem da realidade, que pode ser real em pequena escala, ou seja, no âmbito de um tema ou de um fato, mas não se aplica ao conjunto dos fatos.

O DILEMA DE SHERAZADE

O JORNAL TAMBÉM VENDE, implicitamente, a ideia de que aquilo que está estampado em suas páginas depende apenas do seu critério e do seu poder de captação. No entanto, os anunciantes e as assessorias de imprensa exercem influência crescente, embora discreta, sobre a massa de palavras impressas que está à nossa disposição nas bancas. Esse fenômeno sustenta o processo fabulatório, na medida em que o jornal se torna um receptáculo de temas a serem tratados, em vez de um agente captador. O que ele não pode é calar.

Em nossa cultura feita de sinais incessantes (embora o excesso resulte em ruído, como está na base da teoria da informação), o silêncio não é rentável; a ausência de conteúdo não atrai anunciantes; e a irregularidade inquieta o cidadão médio. Por isso a emissora de rádio rio-grandina mantinha no ar o seu correspondente no Cassino, mesmo que nas noites de inverno ele não tivesse para noticiar sequer uma mordida de cachorro. E também por isso um grande jornal de alcance nacional não pode simplesmente deixar de circular por um ou dois dias, ou fundir vários cadernos num só.

Se ao jornalista não é permitido silenciar, a pontualidade de um jornal — que inspira confiança e alicia o hábito — instaura a ilusão da relevância. Sendo o fluxo da vida heterogêneo, descontínuo, a obra de ficção está mais perto desse ritmo justamente por seu descompromisso com a periodicidade. O que queremos frisar aqui, em síntese, é que a impossibilidade de silenciar constitui um fator no mínimo propício à fabulação. Em *As mil e uma noites*, a princesa Sherazade não podia parar de inventar histórias, sob o risco de perder a vida. Nos dias de hoje, a carreira de um jornalista que não quer morrer de fome tem muito mais de mil e uma noites sob a luz fluorescente do interior do castelo.

5

Selando a aliança social

◆

Já vimos que a frase "Menor é morto a tiros dentro da Febem" (título da matéria de Fabiane Leite) abriu o caderno Cotidiano, da *Folha de S.Paulo*, em 23/1/2004. Logo em seguida, no dia 25, encontramos nesse mesmo lugar do jornal um título festivo referente ao show noturno em comemoração ao aniversário da cidade. Quase todo o caderno Cotidiano apresenta matérias alusivas à efeméride dos 450 anos, como se nesse dia o resto não existisse. As costumeiras notícias ruins (equivalentes à da morte do jovem na Febem, dois dias atrás) estão comprimidas em alguns diminutos blocos de texto, sob a rubrica "Panorâmica", na p. C11, em uma coluna lateral que nem chega a ter a altura do enorme anúncio de telefones celulares que aparece ao lado. A primeira notícia, de apenas 18 linhas, tem como título "Dois morrem em atropelamentos no Rodoanel".

Se compararmos essa notícia do Rodoanel com a da Febem, teríamos pelo menos três razões para julgá-la mais importante:

58 A notícia como fábula

1. Houve duas mortes em vez de uma.
2. A segunda vítima no Rodoanel, uma moça de 21 anos, fora atropelada ao tentar ajudar a primeira vítima, um policial militar de 22 anos; portanto, uma fatalidade como punição a um gesto humanitário confere a esse episódio uma carga trágica muito maior.
3. Manchas de sangue no asfalto do Rodoanel, obra viária recente, faraônica, alinhada com o espírito cosmopolita da cidade que comemora 450 anos, são um fato mais inusitado e inquietante do que um crime dentro da Febem, um conhecido barril de pólvora.

Vamos desconsiderar aqui algum possível aspecto político na disparidade de espaço reservada a essas duas notícias congêneres, publicadas com dois dias de diferença. A razão mais provável para esse fato é, sem dúvida, as datas em que aconteceram — e a diferente pressão que sofreram das demais matérias do dia. Em outras palavras: duas mortes no Rodoanel não têm a menor importância no dia em que São Paulo festeja 450 anos.

Alguém poderá dizer: "Paciência, a vida é assim. Aquela goteira na garagem também não tem importância no dia em que vovô celebra bodas de ouro". E é verdade. A vida se tece por prioridades, por hierarquias subvertidas a cada momento, por alternâncias de ênfases. A questão — já aqui de natureza ética — é saber se a imprensa, como instância social, tem direito de oscilar tanto em suas ênfases quanto um único indivíduo em sua conduta cotidiana.

Os quatro maiores jornais diários de São Paulo, no dia 25 de janeiro de 2004, fizeram de suas capas (e de grande parte do miolo de suas edições) um mosaico de louvações à cidade aniversariante. É como se a chamada "grande imprensa" passasse a seguinte mensagem: "Vivemos trombeteando mazelas, mas também temos olhos para as coisas boas da vida".

Imbuídos desse mesmo espírito, os jornais ficaram todos muito mais parecidos no dia 25. Um editor criativo, que tentasse um contraponto na primeira página usando o "minúsculo" incidente das mortes no Rodoanel ao lado do dito *megashow* no centro, por certo estaria fazendo uma jogada de alto risco. Poderia ser considerado gênio ou perder o emprego, com mais chance para a última hipótese.

O GAROTO NO ESTÁDIO SARRIÁ

APESAR DOS RISCOS, a imprensa registra não poucos casos de ousadias que deram certo — sobretudo numa época em que era mais fácil arranjar emprego. Um dos casos mais lembrados é o da capa do *Jornal da Tarde*, em 6/7/1982. É o dia seguinte à patética derrota do Brasil para a Itália, no Estádio Sarriá, em Barcelona, que resultou na eliminação da seleção nacional na copa da Espanha. Alguém na redação do *JT* pescou numa foto mais ampla a fisionomia de um belo garoto chorando, recortou-a, ampliou-a e publicou-a em página inteira. Não havia qualquer menção direta ao jogo ou à copa, como nos outros jornais. Só o rosto do garoto e, embaixo, o local e a data da partida.

Foi uma capa impactante, sem dúvida, mas também totalitária. Ela decreta uma espécie de luto nacional ou de comoção compulsória. A fisionomia do garoto chorando exclui qualquer outro sentimento de alegria nesse dia, ainda que possa ter nascido uma girafinha no zoológico ou a balança comercial do Brasil apresente uma tendência animadora. É preciso sofrer.

A notícia como fábula

Não há espaço para quem acha que a derrota da seleção, em Barcelona, é apenas uma coisa dentro de um conjunto de coisas. Do mesmo modo como, em 25/1/2004, era necessário comemorar — todos os jornais o decretaram. As mortes no Rodoanel? Ora, outras virão.

Nenhum repórter se preocupou em descobrir se a moça que morreu atropelada, a auxiliar administrativa Monaliza Micheli de Lima Guimarães, tinha planos nesse dia de participar das comemorações dos 450 anos de São Paulo, talvez indo ao tal *megashow* na esquina da Ipiranga com a São João. Isso poderia criar uma conexão entre a alegria e a tristeza, que faz jus à ambiguidade da vida.

Em vez disso, temos atos institucionais: hoje, tristeza; amanhã, alegria. Nesses eventos que merecem a qualificação de *mega* alguma coisa (o prefixo grego já começa a se desgastar por excesso de uso), a Grande Imprensa se compraz numa convergência que supostamente traduz os altos interesses da sociedade.

PACTO REITERADO

Ao refletir sobre a função testemunhal da atividade da imprensa, Mayra Rodrigues Gomes (2000, p. 20) afirma que:

> [...] pela concentração em certos temas (o Estado, seus feitos e os dos órgãos pelos quais ele se exerce), o jornalismo funcionará como confirmação da aliança social. A palavra consignada precisa ser lembrada como forma de atualização do pacto instituído. O pacto precisa ser reiterado permanentemente para que se sustente e, se o jornalismo se caracteriza pela periodicidade, essa periodicidade, como repetição que é, está sempre a serviço dessa reiteração, da recolocação do pacto social.

Mais adiante, Mayra (2000, p. 20) se detém sobre a fachada dos jornais, ou seja, a fisionomia que é exposta ao público nas bancas:

> O fato de que as primeiras páginas sejam dedicadas majoritariamente a contar os feitos do Estado, não importa se criticando ou elogiando, vem atestar essa função do jornalismo de reconfirmação, sempre na palavra, da instituição social.

Em outro livro, Mayra (2002, p. 41) afirma que "há um equívoco em pensar que, porque as formas de tratamento perderam sua rigidez, nós abandonamos os rituais". Isso nos faz pensar na foto do garoto chorando na capa do *Jornal da Tarde*, após a derrota do Brasil para a Itália. A imagem convencional, nesse caso, seria a do terceiro gol de Paolo Rossi, que liquidou nossas esperanças. Mais rígida e conservadora na forma, sem dúvida, porém mais efetiva como apelo direto. Um garoto chorando, ao contrário, impõe o ritual do luto a quem quer que seja. Podemos imaginar que até mesmo um italiano radicado no Brasil, que houvesse comemorado a vitória da sua *Azurra*, ao ver o rosto do menino sentisse certo complexo de culpa diante do pesar nacional decretado pelo *JT*.

O que Mayra parece nos dizer é que há uma "causa maior", os valores ou os interesses da pátria que o jornalismo cultua (apoiando ou criticando o governo, não importa) pelo simples fato de ocupar-se demais daquilo que é mega. Enfim, enaltece o *mainstream*, o cenário oficial, deixando para o poeta Manoel de Barros (2001) as coisas que poderiam fazer parte do seu belo *Tratado geral das grandezas do ínfimo*. Só um jornalista voltado para essas *grandezas do ínfimo* poderia ocupar-se da morte de uma auxiliar administrativa, Monaliza Micheli de Lima

Guimarães, no Rodoanel, quando tentava proteger o corpo de outro atropelado, um policial que ela nem conhecia. As *grandes vistas* (a expressão é de Machado de Assis) da Grande Imprensa estavam todas voltadas para o aniversário de São Paulo.

Vamos pedir emprestada a Mayra sua expressão tão bem formulada, confirmação da aliança social, e usá-la para definir um outro fator de fabulação. A Grande Imprensa, ao instaurar a primazia do *mega* sobre as *grandezas do ínfimo* (Barros), usando um critério não raro oficialista, cria uma atmosfera ficcional tão forte quanto aquela de Kafka ao falar do homem que acordou transformado num inseto. Os diferentes veículos da mídia, ao copiar uns aos outros, replicando temas e personagens, reforçam (mas disfarçam) a ilusão da universalidade, caldo cultural em que vivemos imersos no nosso dia a dia.

■

6

Espírito corporativo

◆

Imaginemos a primeira situação. Uma pessoa está dentro de casa, à noite, e de repente ouve disparar lá fora um alarme de automóvel. Pensa: "Há um ladrão tentando roubar um carro". Se forem vários alarmes disparados, poderia pensar: "Há vários ladrões tentando roubar vários carros". O caso seria mais grave.

Imaginemos agora uma segunda situação. A pessoa está em casa, à noite, e ouve lá fora um cachorro latir incessantemente. Pensa: "Deve ter visto um gato". Se forem latidos de vários cachorros, a pessoa poderá pensar: "Deve haver vários gatos" ou: "Deve ser um elefante".

Neste último caso, evidentemente, seu raciocínio será equivocado. Perguntamos então qual a diferença entre as duas situações. Ora, é simples. No primeiro caso, o dos alarmes, não pode haver uma reação em cadeia, pois os sistemas instalados em cada carro são independentes e não influem uns sobre os outros.

É preciso, portanto, haver dez acionamentos diferentes para que dez alarmes sejam disparados.

Na segunda situação, embora os cachorros estejam confinados em diferentes quintais, são dotados de sistemas nervosos que os tornam sensíveis à reação de outros. Por conseguinte, pode haver, sim, uma reação em cadeia, até de grandes proporções, a partir de um único estímulo inicial. Não é preciso um elefante; mesmo um morcego ou um camundongo serviria de estopim a um surto infernal de latidos, capaz de acordar os moradores de um bairro inteiro. Se William Shakespeare morasse ali, diria: "Tanto barulho por nada". Moral da história: a repercussão de um fato, quando sujeito a uma reação em cadeia, não corresponde necessariamente à relevância do estímulo inicial. O fenômeno, em seu próprio desdobramento, institui um novo sistema de valores.

COMO FOI QUE COMEÇOU?

No início da década de 1960, em Tanganica (atual Tanzânia), na África, uma epidemia de riso chegou a durar dois anos e meio. Ao que se sabe, nunca aconteceu nada semelhante com latidos de cachorros.

Com todo o respeito, pedimos licença para tentar estabelecer um paralelo entre aquelas situações (a dos alarmes e a dos cachorros) e alguns fenômenos de mídia. Mais precisamente, quando vários órgãos de imprensa falam da mesma coisa, com destaque, por vários dias, e então tendemos a nos convencer de que aquilo deve ser mesmo importante, ao contrário do que estaríamos dispostos a crer caso não estivéssemos submetidos a um concentrado bombardeio de informações.

A questão inicial é sabermos se esse bombardeio, digamos, tem lastro na realidade; ou se, por outro lado, assemelha-se mais com a primeira situação (os alarmes) ou com a segunda (os cachorros). Antes que nos acusem de reducionismo ou desrespeito, ao nivelar fenômenos jornalísticos a eventos do mundo canino, vale lembrar que as reações em cadeia, mesmo nos seres humanos, muito pouco contêm de elementos racionais, como bem poderia atestar algum manual de psicologia de massas.

Vamos a um trecho de uma famosa novela húngara, ambientada nos anos de chumbo da ditadura comunista, na qual Tibor Déry (2002, p. 59) escreve:

> Não nos compraz comparar homens com cachorros; parece-nos quase um sacrilégio traçar paralelos entre um animal sem alma e um homem de grande inteligência e de sentimentos elevados, mas a irritação do engenheiro não se devia justamente ao fato de ele não ter recebido explicações [para sua transferência forçada de emprego]? Nem para o seu próprio destino nem para outras questões, que — expressando-nos de forma algo presunçosa — o preocupavam em nome de seus semelhantes. Como a cachorra tola e inferior [que precisava ficar presa num apartamento em Budapeste, após ter vivido livre e solta numa cidade interiorana], ele também não teve oportunidade de reconhecer a necessidade forçosa, pois não lhe deram os meios de percebê-la.

Numa situação fundamental e dramática como essa, portanto, a da repentina e inexplicável perda da liberdade, segundo Déry (2002), cabe considerar a semelhança de reações entre homens e cachorros. Talvez Shakespeare concordasse com ele. E nós também haveríamos de concordar, se levássemos em conta quantas vezes a imprensa faz barulho por nada.

NOVOS GRITOS DO IPIRANGA

QUANDO UM ÓRGÃO de imprensa jacta-se de sua independência, como é comum, supomos que se refira aos seus próprios anunciantes e ao poder público, ou seja, àquelas instâncias que tendem naturalmente a subjugá-lo. Entendemos algo assim: "Nesta redação há gente que pensa com a própria cabeça, e diz o que pensa, doa em quem doer".

Ora, para isso acontecer de fato, seria necessário atestar uma terceira forma de independência, além daquelas duas já mencionadas — os poderes político e econômico que atuam na sociedade. Sabemos que, se há disputa de espaços ou concorrência comercial, isso ocorre apenas no primeiro plano; no plano maior, prevalece o espírito corporativo, necessário ao funcionamento de uma rede de serviços tão suscetível a crises.

O que nos interessa é saber como isso se expressa no produto final, a notícia, a ponto de distanciá-la do fato, caso necessário, para torná-la crível e vendável. A credibilidade de um jornalista também depende da credibilidade dos demais jornalistas, ou seja, de sua inteira categoria profissional, como ocorre com médicos e juízes. Portanto, é conveniente haver um denominador comum, ético e temático, que sustente o funcionamento da imprensa. A um jornal, interessa apresentar surpresas e detalhes que escapam aos outros jornais, porém dentro de temas comuns, ou ao menos dentro de um quadro de valores que os demais reconhecem como válido. Ele precisa da chancela dos concorrentes até para continuar a concorrer. Precisa, enfim, ser reconhecido como um *partner*, no jargão anglófono do mundo dos negócios.

Quem já trabalhou em grandes redações sabe que não é raro um repórter ser mandado para cobrir um evento que não exatamente é considerado relevante pelos chefes, ou porque os leitores possam sentir sua falta, mas apenas porque o concorrente direto "estará lá". Logo, "nós também devemos estar", raciocina o editor ou o redator-chefe. Atrelado aos passos do concorrente, e a reboque do jogo do mercado, esse jornal não poderá ser de fato "independente" como se pretende. Isso porque, em casos desse tipo, o condicionante comercial assume o primeiro plano e acaba por exercer um poder coercitivo tão forte quanto seria, em outra situação, o da pressão política exercida pelo governo ou pelo interesse deste ou daquele anunciante.

DESTROÇOS DE GUITARRA

DUAS CENAS DE *Blow-up* (*Depois daquele beijo*), o clássico filme de Michelangelo Antonioni, de 1966, expressam os fenômenos que queremos analisar aqui. Numa delas, o fotógrafo londrino Thomas (David Hemmings), protagonista da história, vai cair numa sala superlotada onde ocorre um frenético show de rock. A certa altura, um guitarrista estraçalha o instrumento e joga os destroços à plateia, que os disputa de maneira encarniçada. Thomas, meio por acaso, consegue arrebatá-los e sai correndo da sala de concerto, sendo perseguido na rua por vários outros espectadores. Depois de correr bastante, consegue livrar-se deles. Ao ver-se sozinho, sem pressão dos outros, simplesmente joga aquele traste velho na calçada e vai embora.

Essa cena resume duas ideias:

1. Uma situação de acirrada concorrência (como muitos cachorros latindo juntos) pode inflacionar o valor de um objeto ou serviço (como a notícia) para muito além da sua real serventia e do seu significado.
2. O valor de algo (um cabo de guitarra) só faz sentido dentro de um ambiente restrito (os aficcionados de certo grupo de rock).

A cena final de *Blow-up* é como a capitulação de Thomas a uma realidade falsa, mas imperiosa. Ele encontra um grupo de pessoas meio amalucadas, com trajes de fantasia, jogando tênis — sem bola — numa quadra aberta. O protagonista se encosta na tela e fica assistindo ao jogo. Em determinado momento, os jogadores procedem como se a bola imaginária houvesse saído da quadra e caído perto dele. Olham para Thomas, cobrando a devolução. Ele hesita, mas por fim faz o gesto de catar a bolinha inexistente e como que a arremessa de volta para o grupo. O jogo continua. Ele vai embora.

Não poucas vezes o jornalista se vê na situação do fotógrafo Thomas. Primeiro, tendo de buscar uma informação fútil e volátil (embora verdadeira) que só faz sentido dentro da ótica da redação, sem ter importância para a vida das pessoas lá fora. Segundo, tendo de jogar um jogo sem bola, mas que se impõe por sua coreografia, ou por um acordo de cavalheiros. De *partners*, na linguagem de hoje.

O espírito corporativo, existente na imprensa como em qualquer outra instituição forte, porém dependente da credibilidade externa, pode constituir um fator de fabulação. Ou seja, torna-se necessário que se fale de algo apenas e tão somente porque os outros também estão falando.

IMITAR O INIMIGO

ABRIL DE 2004. Entro no supermercado, em Cotia. Algo me chama a atenção nas gôndolas e nas prateleiras refrigeradas: inúmeros produtos, de diversos gêneros e fabricantes, todos ditos *light*, exibem um visual idêntico, como se compusessem uma mesma linha de lançamentos: margarinas Qualy e Doriana; iogurte Paulista; *cream cheese* Polenghi; maionese Hellmann's e leite de soja Ades (ambos da Unilever); e o macarrão lámen da Nissin Ajinomoto. Todas essas embalagens têm o mesmo fundo azulado, sugerindo o céu; e a palavra *light*, escrita na diagonal, num azul mais escuro, sobressai numa letra de forma semelhante, talvez da família Brush. As embalagens se parecem muito. Até se poderia supor que houvessem sido concebidas pela mesma pessoa ou pela mesma equipe de *design*.

Saio do supermercado. Em frente, na banca de jornal, outra surpresa. Há uma variedade de publicações com o rosto de Jesus Cristo na capa. Em todos os casos, o profeta exibe a mesma aparência que o Ocidente lhe atribui desde o Renascimento, embora essa imagem edulcorada venha sendo contestada nos últimos anos. Há pelo menos duas razões imediatas para essa coincidência de tema: a proximidade da Páscoa e o lançamento do filme *A Paixão de Cristo*, de Mel Gibson. Mesmo assim, a semelhança das capas é espantosa, como a das embalagens dos produtos *light*. Outra vez se tem a impressão de que vieram da mesma cabeça e do mesmo lugar.

Em maio, o fenômeno se repete. Diferentes revistas apresentam como matéria de capa a Guerra de Troia, tendo como gancho o lançamento internacional da superprodução da Warner Bros., dirigida pelo alemão Wolfgang Petersen.

Muitas revistas penduradas no mesmo *gancho*, expostas na mesma banca. O fenômeno, por certo, nada tem de novo. Cremilda Medina (1998) já deixou claro que a notícia é um produto à venda. Não vamos reinventar a roda. Assim, o fato de que algo observado nas prateleiras do supermercado se repita na banca de jornal não deveria surpreender, já que vivemos, e não é de hoje, numa sociedade de consumo altamente competitiva.

Estranho, isto sim, é que essa competição não explore formas novas, como seria de se esperar numa mercadoria jornalística. Por mais que ela esteja à venda como a margarina, não deixa de ser um produto cultural. Deve envolver, portanto, algum grau de criatividade, ou pelo menos indícios de um pensamento sobre si, digamos, que não podemos esperar de uma embalagem de sabão em pó. O que vi nas gôndolas daquele supermercado em Cotia não poderia se repetir na banca de jornal do lado de fora.

"ONDE É QUE JÁ SE VIU ISSO?"

MAIS DE UMA VEZ, em minha carreira jornalística, tive demonstrações de que as palavras *inovação* e *criatividade* podem ser excludentes. Melhor seria dizer *atualização*, porque esta não pressupõe ousadia, dissonância, e sim o simples ajuste a um padrão externo conhecido de todos. O fato é que as publicações, em geral, buscam amparar-se num cânone; competem mais por semelhança do que por contraste com suas concorrentes.

No ano de 1996, por um breve período, fui redator-chefe da revista *Crescer*, da Editora Globo, como resultado de um desses arabescos de carreira que a maioria dos jornalistas também percorreu. A revista em si não era difícil de fazer, porém sua peculiar

Espírito corporativo 71

paginação era como uma camisa de força. Entremeava uma coluna, pequenos anúncios e uma longa seção subdividida em várias subseções. E não só isso. Essas subseções deveriam sair em certa ordem, pois abrigavam matérias dirigidas a faixas etárias progressivas, da infância à adolescência. A cada mês, a montagem do diagrama das matérias em suas respectivas páginas — ao qual chamamos *espelho* — era algo mais desafiador do que em qualquer outra publicação que eu tenha conhecido.

Um dia, tive uma ideia. A coluna poderia ser desdobrada em módulos de diferentes tamanhos, a serem usados conforme a necessidade da diagramação. Assim preencheríamos com mais facilidade os vazios entre as *retrancas* da seção e os anúncios, a todo momento incluídos e retirados pelo departamento de publicidade. Teríamos a vantagem de um componente flexível entre os parâmetros fixos ou que não estavam sob nosso controle. Enfim, sairíamos daquela saia-justa. Fiz essa sugestão à diretora da revista. Ela me olhou admirada, com os olhos brilhando, e esboçou um sorriso. A primeira coisa que disse foi: "Onde foi que você viu isso?"

Se tivesse dito o nome de qualquer revista estrangeira, mesmo que fosse da Nova Zelândia, minha proposta teria sido adotada — ou ao menos testada. Ingenuamente, eu disse a verdade. Era uma ideia minha. E eu a havia tido ali mesmo, naquele momento. Não precisou mais que isso. A diretora da revista a descartou sumariamente. Se a adotasse, correria o risco de não poder citar um modelo de referência a seu superior caso ouvisse dele a mesma pergunta: "Onde foi que você viu isso?"

O neurocientista e escritor americano Timothy Leary, figura emblemática da contracultura na década de 1960, no final da vida divertia-se ao lembrar uma tia idosa, considerada por

72 A notícia como fábula

ele a pessoa mais conservadora sobre a superfície da Terra. Cada vez que Leary, na juventude, criava alguma coisa nova, ouvia dela o mesmo comentário ao longo dos anos: "Mas onde é que já se viu isso?" "Na Nova Zelândia." Eis a resposta que convém ao jovem jornalista ter sempre na ponta da língua. Ela poderá lhe ser útil, a qualquer momento, num colóquio com o chefe. Eu não a tinha, infelizmente, quando levei a proposta à diretora. O erro foi meu, portanto. Devia saber que trabalhava numa revista que, como tantas outras, precisava parecer-se com algo existente, ainda que esse algo fosse ela própria, ontem e anteontem. E assim continuou sendo. Não fiquei muito naquela redação. Tinha a sensação de estar fazendo uma revista não para jovens mães, como era o caso, e sim para a tia de Leary. Ora, onde é que já se viu isso? Ouvir estrelas?

DUAS REVISTAS SEMANAIS

DOIS ANOS MAIS TARDE, em outra passagem pela Editora Globo, integrei a equipe inicial da revista *Época*. Baseada no modelo gráfico e editorial da *Focus* alemã, ela introduziu uma série de novidades em relação às outras semanais já existentes no Brasil. Matérias fragmentadas em retrancas; farto material visual, como tabelas e infográficos; fotos numerosas e elaboradas do ponto de vista jornalístico e estético — essas eram algumas das características mais evidentes da nova revista, que pretendia propor um novo conceito ao leitor.

Naquele momento, nos últimos anos da década de 1990, a revista *Veja* acomodara-se em um modelo visual antigo, engaiolado, quase burocrático, pois gozava de vantagem folgada sobre

Espírito corporativo 73

sua única concorrente, a *Istoé*. No entanto, inquietou-se com a entrada em cena de uma nova semanal de informação, lançada por um grupo poderoso no setor de comunicações, que podia contar com o respaldo da maior emissora de TV do país. *Veja*, com a pulga atrás da orelha, fez um forte investimento na remodelação de seu padrão editorial, incluindo, embora de modo mais comedido, vários elementos lançados pela *Época* no Brasil.

As duas revistas ficaram mais parecidas com a transformação implantada na *Veja*. Num segundo momento, foi a vez de *Época* recuar dos radicalismos gráficos iniciais, de inspiração alemã, e mover-se em direção ao modelo tradicional da americana *Time*, representado no Brasil pela *Veja*. As duas revistas, então, se encontraram no meio do caminho. Cada vez mais semelhantes entre si, passaram a disputar o mesmo espaço na banca.

Fenômenos mercadológicos desse tipo — falemos de mimetismo para não falar em imitação — são decerto anteriores à sociedade de consumo. Adversários têm de se parecer um pouco entre si não apenas para conviver, mas inclusive para confrontar-se. Divaguemos. É de se perguntar se os espanhóis teriam conseguido ser tão eficientes, e por fim vitoriosos, no combate aos invasores muçulmanos se não fossem propelidos, à semelhança do inimigo, por uma mistura de valores políticos e religiosos, ao contrário dos europeus do norte. Uma estratégia parecida, inspirada na miscigenação, na cor do café com leite, rege as publicações que competem pelos mesmos leitores.

Uma revista, como uma margarina, deve convencer o consumidor de que tem condições de lhe dar o mesmo conteúdo fornecido pelo concorrente, porém com algo a mais. Esse algo pode e deve ser surpreendente, razoavelmente novo, mas não na base conceitual. A essência (subentende-se) é comum a todos, pois constitui um modelo aceito pelo consumidor. É preciso, antes de mais nada, preservar a necessidade de consumo. Por isso os adversários realizam movimentos divergentes nos detalhes, mas semelhantes na proposta, para não correr o risco de desmamar o freguês. Em termos de publicações, isso significa falar dos mesmos assuntos sob ângulos novos — medir-se pelo rival, em suma. O resultado desse fenômeno é a perpetuação de temas sazonais que não destoem de um pano de fundo retroalimentado por essas mesmas fórmulas que se repetem.

Em abril, as bancas de revista quase não dão chance ao leitor comum de se perguntar se não haveria algo mais interessante do que o repisado martírio de Jesus Cristo. E no supermercado, todos os produtos *light*, com suas embalagens azuis, também prometem o reino dos céus. O triunfo do espírito corporativo, dentro do castelo, cerceia o sentido experimental da comunicação humana e assim enseja um fator de fabulação. Ao padronizar temas e abordagens, como também as próprias embalagens do produto, a imprensa deixa brechas para desejar comidas que não estão no cardápio.

7

Equívocos cristalizados

◆

Para tratar deste novo fator de fabulação, tomo a liberdade de narrar um episódio ocorrido comigo. No começo de 1978, ganhei meu primeiro prêmio literário, de 15 mil cruzeiros, no então prestigioso VIII Concurso Nacional de Contos do Paraná. Tirei segundo lugar na categoria estreante, ficando como recheio do sanduíche entre dois mineiros, colocados em primeiro e terceiro. Ambos foram festejados na imprensa de seu estado, na época tido como um polo gerador de bons contistas.

De minha parte, não tive a mesma sorte no Rio Grande do Sul, talvez por ter ido embora de lá bem cedo, aos 18 anos, ou por não ter nascido na capital, mas em uma cidade já meio esquecida nos ventos do litoral sul. O jornal *Zero Hora*, de Porto Alegre, publicou apenas uma nota de poucas linhas para falar do prêmio recebido por aquele desconhecido autor gaúcho e, como para sacramentar meu ostracismo, estampou ali o retrato

A notícia como fábula

de um homem que devia ter uns 60 anos. Eu tinha 25, na época. "Quem será esse sujeito?", perguntei-me, desapontado com minha primeira (e inglória) aparição na imprensa gaúcha. E tive de reconhecer que, como ficcionista, eu não chegava aos pés do editor daquela página do *Zero Hora*.

Hoje me aproximo da idade daquele homem que, sem saber, emprestou seu rosto a um aspirante a escritor. Mas nunca descobri quem era ele. Lembrei desse fato numa certa manhã, em fins de maio de 2003, ao entrar na internet e deparar com uma estranha notícia na página de abertura do site do UOL. Diziam ali que fora vendida em leilão uma "nova" sinfonia de Beethoven. Pensei logo que devia tratar-se apenas de um erro de digitação: "nova" por "nona". Porém, ele se repetia ao longo do texto, mostrando que o redator não tinha muita ideia do que estava falando; na verdade, nem dava mostras convincentes de saber que Beethoven já fosse falecido.

Na revista *História Viva* (abril de 2004) temos uma foto de Pablo Picasso, na p. 26, cuja legenda o qualifica como "pintor alemão", e um mapa da Grécia, na p. 52, em que a conhecida ilha da poetisa Safo, chamada Lesbos, aparece como sendo "Lemos", o que nos obrigaria a passar a chamar as lésbicas de "lemosianas". Mas tudo isso são coisas que nos escapam ao controle, é claro. Já aconteceu comigo. Numa matéria sobre a futura colonização da Lua, para a revista *Globo Ciência*, número 6 (janeiro de 1992), na p. 29, escrevi que a nave Eagle "baixou ali [*Mare Tranquillitatis*] placidamente, de ré, em 20 de julho de 1969, levando a bordo os americanos Louis Armstrong e Edwin Aldrin, no mais extraordinário feito humano desde a descoberta da América". Seria de fato extraordinário poder levar um artista à Lua, no lugar do astronauta Neil Armstrong.

Um pequeno passo para a humanidade, talvez, mas um grande passo para o homem que busca inspiração.

GRAUS DE SUSTENTABILIDADE

OS EQUÍVOCOS MENCIONADOS TÊM, evidentemente, graus de sustentabilidade muito diferentes entre si. Milhões de pessoas sabem quem foi Beethoven, que ele morreu há muito tempo, e que a nona e última sinfonia é uma de suas obras célebres. Tanto é verdade, que a notícia equivocada permaneceu no ar por apenas algumas horas, sendo depois corrigida e retirada com a agilidade proporcionada pelo meio eletrônico. Já a notícia do *Zero Hora*, impressa em papel, deve estar até hoje no arquivo do jornal. Mas isso pouco importa. O que deu no jornal foi a verdade daquele dia. Só eu sabia, no momento da publicação, que minha cara não era aquela. O equívoco passou em brancas nuvens.

Embora diferentes no grau de sustentabilidade (e reversibilidade), equívocos desse tipo têm origem na ignorância, na negligência ou na distração. Seja como for, temos aqui um novo fator de fabulação. Numa edição comum de jornal, que comporta algo como 10 ou 12 milhões de palavras, é impossível estimar o número de pequenos lances ficcionais engendrados por erros do próprio jornalista. Sabemos que uma parte deles — os que envolvem referências universais, como Beethoven — é corrigida, e conforme o caso enseja pedidos de desculpas aos leitores. Portanto, não se perpetuam. São voláteis. No entanto, haverá um número incalculável de erros de informação (como o rosto do homem que não era eu) circunscritos a um pequeno núcleo de pessoas capazes de detectá-los, mas incapazes de corrigi-los por não pertencer ao meio jornalístico. São os equívocos autossustentáveis, para usar uma palavra em voga. Mais do que isso: são dotados, por vezes, como os vírus dos computadores, de um notável poder de replicação.

A psicologia já cogitou de que, quando um indivíduo lembra algo de maneira recorrente, tende a repetir a lembrança não mais com base no fato primordial que a gerou, mas conforme a versão que apresentou a si próprio na última vez que lembrou. Em outras palavras, o referente se desloca, se atualiza, se adapta, como as sucessivas formas de um arquivo eletrônico, das quais o computador retém apenas a última que foi salva pelo usuário.

Ora, se isso vale para a memória individual, não estamos impedidos de supor que, em alguma medida, se aplique às referências coletivas, fomentadas em grande parte pela imprensa. Não poucas vezes tive prova disso em minha trajetória profissional.

O CALVÁRIO DE CARVALHAES

EM 1974, ANO EM QUE o metrô de São Paulo começou a funcionar, eu trabalhava como redator no departamento de comunicações internas da companhia. Ali conheci João Carvalhaes, considerado um dos pioneiros entre os psicólogos esportivos no Brasil; ele havia começado no basquete e depois servido à seleção de futebol na fase preparatória para a copa de 1958. Conversávamos muito. Fiquei conhecendo a grande mágoa daquele homem.

Chamado pelos dirigentes para aplicar testes de inteligência nos jogadores, ele chegou à conclusão de que o admirável Garrincha tinha a mentalidade de um menino de 8 anos. A biografia do ídolo, aliás, não desmente essa hipótese, se soubermos separar suas façanhas em campo das escaramuças de sua vida pessoal. Carvalhaes contou-me ter apresentado um laudo técnico referente à avaliação psicológica do atleta sem dizer, em momento algum, que Garrincha não estaria apto para jogar na seleção, o que teria sido absurdo, como ele próprio admitia. Os dirigentes, porém, incomodados com o resultado, pressionaram o psicólogo para mudar o laudo. Como ele recusou, foi demitido. E a punição a Carvalhaes ampliou-se quando a mídia o estigmatizou, para sempre, como "o homem que tentou barrar Garrincha", o "algoz de um gênio" etc.

Foi com essa pecha que Carvalhaes entrou na história esportiva do Brasil. E foi com esse ressentimento que ele abandonou o esporte, tendo ido parar no departamento de seleção de pessoal da Companhia do Metrô. Ainda hoje, se entramos na internet ou folheamos páginas dedicadas à história do futebol brasileiro, encontramos um Carvalhaes ridicularizado, tratado quase como um tolo, como se devesse reparar o seu suposto erro com o mesmo rótulo que teria um dia aplicado ao craque das pernas tortas.

Quando se recorda esse episódio envolvendo os nomes de Carvalhaes e Garrincha, não se costuma indagar — já que estamos falando em tolices — o que teria levado os dirigentes esportivos daquela época (vitoriosos e portanto inquestionáveis, segundo o senso comum) a querer aplicar testes psicológicos em jogadores já testados nos campos do país inteiro. É evidente, nesse caso, que a corda rebentou do lado mais fraco. O decano de um ofício, da psicologia esportiva, hoje tão valorizada, foi rebaixado a bode expiatório de uma trapalhada que teve origem nos porões escuros da cartolagem. Porém, a imprensa encampou essa versão e a transformou numa verdade.

Carvalhaes não era tacanho. Era, ao contrário, um homem gentil, espirituoso; apreciava o talento e sabia valorizá-lo. Isso, eu não li em nenhum jornal, mas constatei por mim mesmo em muitas conversas com ele, na Companhia do Metrô. Ambos estávamos ali sabendo que aquele não era o nosso lugar. Isso nos aproximou, provavelmente. Só que ele era um homem maduro, talvez já no limiar da velhice, não lembro bem, enquanto eu tinha a vida pela frente, queria saber das coisas, cursava o terceiro ano de jornalismo.

Podemos nos perguntar se os jornalistas, nesse episódio, por conveniência ou comodismo, não teriam optado por alinhar-se com a versão que preservava o lado mais forte — os dirigentes. Mas também podemos nos perguntar se a figura do suposto carrasco (Carvalhaes) não teria sido necessária, do ponto de vista narrativo, à construção do mito do herói (Garrincha), aproximando-o, quem sabe, de um modelo da dramaturgia, o Iago shakespeariano. A história do craque fica muito mais atraente se nela houver, além de todos os *malvados* beques que ele precisou driblar, e driblou com louvor, também a figura de um *malvado* psicólogo que tentou barrá-lo e não conseguiu.

O DIAMANTE NEGRO

UM EXEMPLO PARECIDO com o de Carvalhaes e Garrincha, que aponta para a cristalização de uma versão, encontramos nos jornais paulistanos que saíram às bancas em 25 de janeiro de 2004. Ao lado da comemoração do aniversário da cidade, eles noticiavam a morte, no dia anterior, do lendário Leônidas da Silva, astro do futebol brasileiro nas décadas de 1930 e 1940.

O *Estado* atribui a Leônidas, por três vezes, duas na capa e outra no olho da p. E6, a criação da famosa "bicicleta", jogada que consiste em um salto acrobático com uma espécie de pedalada no ar. Numa sub-retranca, no lado direito da p. E6, relativiza a informação anterior, admitindo que:

> [...] até hoje existe a polêmica sobre a invenção da jogada. Alguns dizem que foi o espanhol Ramón Unzaga quem fez o primeiro gol de bicicleta, em 1914, e o batizou de "chilena".

O outro veículo da mesma empresa, o *Jornal da Tarde*, afirmou na primeira página do caderno de esportes: "Morreu Leônidas, gênio da bicicleta". Até aí, nada compromete. Porém, na p. 6 do mesmo caderno, aparece escrito sobre Leônidas: "Inventor da bicicleta, uma das jogadas mais plásticas da história do esporte, é um dos poucos que pode ser chamado de monstro sagrado do futebol".

O *Diário de S. Paulo*, na p. C6, afirma que Leônidas voltou da copa de 1938, na França, "com o apelido de 'Homem de Borracha' pela incrível elasticidade, comprovada na perfeita execução da 'bicicleta', jogada que o imortalizou". E, na mesma página, o cronista esportivo Alberto Helena Júnior afirmou, em sua coluna, sobre Leônidas:

> [...] Mas nenhum foi tão acrobático a ponto de perpetuar a jogada inventada por Petronilho de Brito, irmão de Waldemar, descobridor de Pelé, a célebre bicicleta, sua marca registrada.

Dos quatro jornais, apenas a *Folha* trata desse assunto, na p. D3, sem negar o seu teor de controvérsia:

> Tido no Brasil como o inventor da bicicleta, ele próprio (Leônidas) costumava negar o feito, dizendo que a jogada acrobática, em que o atleta dá um salto para chutar a bola para trás, ficando de costas para o chão, não foi criação sua.

Sempre com referência a Leônidas, dois jornais, a *Folha* e o *Estado*, afirmam que ele nada teria recebido, no auge da fama, no final da década de 1930, pelo uso de seu apelido "Diamante Negro", um produto da fábrica de chocolates Lacta. Na p. D3, a *Folha* afirmou:

> Apesar de ter sido um dos primeiros jogadores a ter sua imagem associada a produtos com objetivos comerciais, ele nunca recebeu nada por isso. Nem por ter sido "homenageado" pela Lacta, que usou o apelido pelo qual o jogador ficou conhecido no país — Diamante Negro — num chocolate que até hoje faz sucesso.

E o *Estado*, na p. E6, publicou:

> Outra curiosidade sobre Leônidas foi o fato de que não ganhou um centavo com a exploração de seu apelido, Diamante Negro, em uma marca de chocolate que existe até hoje.

Não é essa, entretanto, a versão de Albertina Pereira dos Santos, 75 anos, companheira de Leônidas de 1956 até a morte do jogador. Em entrevista telefônica dada ao autor deste texto, na tarde de 19/2/2004, ela afirma: "Leônidas sempre disse, a mim e a várias outras pessoas, que havia ganho 3 contos de réis da Lacta. Só que naquele tempo não se assinava nada. Ele pegou o dinheiro, botou no bolso, e acabou". Esses 3 contos, aliás, não eram pouca coisa. Equivaliam, na época, a quase quatro vezes o polpudo salário do próprio Leônidas, de 800 mil-réis. Segundo se afirma, esse dinheiro lhe teria sido entregue por Assis Chateaubriand, dono da fábrica de chocolates Lacta e principal empresário brasileiro no ramo das comunicações em meados do século XX.

Podemos nos perguntar por que teria ocorrido a cristalização dessa ideia de que Leônidas da Silva nunca recebeu nada. Como o "gênio das pernas tortas", supostamente perseguido por um psicólogo maligno, o Diamante Negro teria sido vítima de um empresário inescrupuloso, que lhe usurpou o apelido, ganhou dinheiro com o chocolate, e nunca lhe deu um tostão. São ingredientes, como já vimos, essenciais na provação do herói; confirmam uma ideia de fundo, arquetípica, de que para vencer é preciso enfrentar o Mal (ou o mau-caratismo de seres inferiores) para num certo momento dar a volta por cima.

Porém, mesmo que essas adaptações dos fatos a um modelo mitológico, por parte da imprensa, resultem numa versão mais verossímil, cabe lembrar que não estamos declaradamente no terreno da ficção. O leitor presume estar diante de coisas verificáveis, se não por ele, ao menos pelo jornalista que escreve. Pelos padrões profissionais vigentes na Grande Imprensa, não é aceitável que, sobretudo no caso de uma figura exponencial do esporte, como Leônidas da Silva, cometam-se falhas de informação dessa ordem.

Com isso, vemos que o erro de apuração por parte de um jornalista hábil no manejo das palavras pode funcionar como um fator de fabulação. Não há por que duvidar de que o Leônidas e o Garrincha que temos em mente agora, quase semideuses, estejam se distanciando lentamente daqueles homens que de fato existiram, em carne e osso, mas foram personagens de uma época que ficou para trás, imersa na neblina da história. Para ironizar seu próprio saudosismo, os argentinos costumam dizer: "Gardel canta cada vez melhor". No castelo iluminado, há especialistas em dizer coisas desse tipo, de outras maneiras. A bicicleta de Leônidas é cada vez mais perfeita, aos nossos olhos, com o passar dos anos.

FALSEAMENTO DE AUTORIA

AO SE TORNAR O PRIMEIRO homem a pisar na Lua, o astronauta americano Neil (não Louis) Armstrong declarou para uma audiência global de 500 milhões de pessoas: "É um pequeno passo para o homem e um grande passo para a humanidade". Um fato curioso é que, na versão original em inglês (*That's one small step for* [a] *man, one giant leap for mankind*), o artigo indefinido "*a*", antes de "*man*", que altera o sentido da frase, é inaudível. Só seria resgatado décadas mais tarde pelo australiano Peter Shann Ford, um especialista em análise sonora por tecnologia computadorizada. No entanto, bem antes de isso acontecer, a declaração de Armstrong — em seu sentido presumido — já havia sido incorporada aos livros de história e se tornado quase tão célebre quanto a famosa "Vim, vi e venci" (*veni, vidi, vici*), de Júlio César, ao comunicar ao Senado romano a rápida vitória sobre o rei Farnaces, no Egito.

É possível que César tenha, ele próprio, cunhado essa frase, já que era um general com pendores literários e historiográficos. Quanto a Armstrong, nossa aposta teria maior risco. Levando em conta que ele, após o pouso na Lua, permaneceu dentro da cápsula por um período de 6 horas e 40 minutos antes de pisar o solo arenoso, contemplando no horizonte desolador uma enorme bola azul a brilhar na escuridão, podemos até supor que os espíritos de todos os poetas da Terra distante compareceram à mente de um único astronauta — e então a frase saiu, com a força de um verso. Mas isso corre por nossa conta. A bem da verdade, temos conhecimento de que a declaração de Armstrong ao pisar na Lua fora decidida com antecedência em alguma repartição da Nasa, órgão que executa o programa espacial americano. Foi, portanto, uma jogada de marketing. O verdadeiro criador da frase, seja quem for, permanece tão incógnito quanto o próprio artigo indefinido "*a*", antes de "*man*", quando Armstrong a recitou em solo lunar.

Como essa informação de bastidor nunca aparece atrelada à frase, esta consolidou-se como de autoria do próprio astronauta. E é natural. Quando se informa que alguém disse alguma coisa, supõe-se que essa pessoa, por pertencer à nossa espécie racional e verbalizadora, tenha pensado aquilo e decidido dizê--lo por vontade própria. Assim, é provável que nossos pósteros vejam Armstrong como alguém mais sagaz e inspirado do que de fato o tenha sido.

Algo semelhante também pode ocorrer com o ex-presidente do Brasil, o ex-metalúrgico Luiz Inácio Lula da Silva. Quando ele anuncia, ao vencer o pleito presidencial, em outubro de 2002, que "a esperança venceu o medo", coloca-nos diante de uma frase lapidar, sintética, exata, com todas as qualidades para perpetuar-se na história, como as de César e Armstrong. Os jornalistas não se preocuparam muito em descobrir — ou, pelo menos, em divulgar — a cabeça que de fato concebeu essa frase, quase um verso, supondo que não tenha sido o próprio Lula. No entanto, esses mesmos jornalistas sempre estão à caça de outros personagens, pouco visíveis, que compõem uma figura pública: quem corta seus ternos ou seus cabelos, quem cuida de sua agenda ou de sua forma física etc. Mas quem escreve seus discursos? Quem concebe seus ditos e tiradas? Isso quase nunca é mencionado.

Essa habitual omissão, por contraste a situações análogas em que não ocorre, induz o leitor a um engano. Acrescenta um traço, se não falso, pelo menos artificioso, ao perfil de um personagem público, assim como seria o fato de ele tingir os cabelos, abusar da bebida ou apresentar-se em público ao lado de uma mulher da qual já está há muito separado. Isso, em grande escala, funciona como um fator de fabulação.

A autoria de uma frase ou de uma ideia é subtraída de seu criador anônimo, se houver, quando o texto menciona apenas o homem que a divulgou em público — e precisa, no caso dos políticos, capitalizar as vantagens. Porém, seria ingenuidade pensar que o falseamento de autoria funciona só por omissão. A imprensa tem outros modos de obtê-la, que dizem respeito à forma de redação.

Em 25/1/2004, os textos sobre os atropelamentos no Rodoanel apareceram em dois jornais da mesma empresa, *O Estado de S. Paulo* e *Jornal da Tarde*, assinados pelo mesmo repórter, José Luis Dacauaziliquá. A redação é muito parecida, fazendo supor que tenha origem na agência noticiosa da casa, com pequenos cortes e ajustes pontuais. Porém, no *Estado*, o repórter afirma que "a *Polícia Rodoviária* acredita que a Kombi dirigida pelo PM tenha batido na traseira de um caminhão"; enquanto no *JT* é dito que "o *sargento Benedito Prudente* contou que a perua teria, provavelmente, batido na traseira de um caminhão". Ora, no primeiro caso, temos a impressão de uma hipótese mais consolidada. Supõe-se uma abordagem técnica do acidente, que teria passado pela análise de diferentes pessoas até se tornar a versão aceita pela própria corporação; no segundo caso, a hipótese parece fortuita e descompromissada, quase um palpite do sargento, como poderia ser o de qualquer um de nós, se passássemos pelo local naquele momento.

Como os dois textos levam a mesma assinatura, essa diferença, obviamente, não se deve à análise. É, pura e simplesmente, uma questão de forma de redigir. A generalização imprópria,

Equívocos cristalizados   87

ao atribuir à Polícia Rodoviária uma opinião que, na verdade, pertence apenas ao sargento Benedito Prudente, o *Estado* — sem propriamente mentir nem enganar — cria um campo ficcional dentro da notícia. Seria o mesmo que creditar à Nasa, como organização, com sede na Terra, uma frase dita espontaneamente por um de seus astronautas ao pisar na Lua.

Se a imagem de determinada pessoa pode ser alterada, para melhor ou para pior, segundo nossos valores, pelo falseamento de autoria de uma declaração associada a ela nas páginas da imprensa por omissão da fonte, o mesmo ocorre — e talvez de modo mais intenso — quando a própria informação é escamoteada do público leitor. Tomemos aqui dois casos ocorridos na imprensa brasileira na década de 1990.

Durante o governo Fernando Henrique Cardoso, sabia-se nas redações que o presidente tinha um filho, fora do casamento, com uma jornalista da televisão que vivia fora do país. Nada foi publicado, fosse para preservar um homem público, fosse por temor de retaliação. No entanto, o pretexto usado para tal omissão era de natureza ética: respeito à intimidade da pessoa em questão. Seria louvável, claro, se a imprensa não se permitisse devassar a esfera privada de outras pessoas, reservando o manto do silêncio só para aqueles que julga dignos dessa proteção.

Quando Pedro Nava, prestes a iniciar seu sétimo e último volume de memórias, em 1984, suicidou-se com um tiro na cabeça, a notícia chocou e intrigou os leitores. Já naquela época, entretanto, a imprensa tinha conhecimento de que o escritor, então com 81 anos, vinha sendo chantageado por um garoto de programa. O fato foi omitido do público. Duas décadas mais tarde, no livro *Minhas histórias dos outros*, o jornalista Zuenir Ventura (2005, p. 163 e 173) esclareceu o assunto e refletiu sobre

88 A notícia como fábula

a situação difícil, no campo da ética profissional, que ele e seus colegas haviam vivido, em 1984, até se decidirem por proteger a figura do escritor. "Acho que pode ter pesado muito na nossa decisão" admitiu Ventura, "o moralismo da época e o 'preconceito social', além do individual, de cada um de nós."

Não cabe aqui, por certo, discutir se estava certa ou errada a decisão de abafar informações seguras que talvez pudessem, de algum modo, comprometer as imagens públicas do presidente e do escritor. O que nos interessa é assinalar que, ao omitir de forma deliberada aspectos conhecidos dos fatos que apuram, os jornalistas criam pontes para um mundo irreal. A omissão equivale à invenção, se não do ponto de vista ético, ao menos no que diz respeito à construção do discurso e à estimativa de sua *taxa ficcional*. No caso de uma obra literária, que como tal se apresenta aos olhos do leitor, a suspensão voluntária da descrença é o protocolo de um acordo que serve a ambas as partes. Mas isso não existe no caso do jornalismo. O leitor, portanto, não tem como descobrir quando lhe contam tudo o que sabem ou apenas uma parte da história.

Na redação da revista *Época*, onde trabalhei quando Fernando Henrique Cardoso era presidente, o assunto desse seu outro filho era embaraçoso e talvez blindado de modo tácito. Nesse caso, atuava como fator de fabulação (de teor coercivo) aquilo que Foucault (2004) chamou de *ritual de circunstância*. Trata-se de um mecanismo que regula o tom do discurso, sua calibragem ética e, sobretudo, a conveniência de dizer ou não algo em determinado momento. Vale ressaltar que esses fatos privados envolvendo o presidente e o escritor seriam tratados abertamente na imprensa anos mais tarde, quando o vento havia mudado de direção. O vento sempre muda.

8

Luzes na Estação da Luz

◆

Os jornais paulistanos de 25 de janeiro de 2004 noticiaram com destaque a inauguração da nova fachada luminosa da Estação da Luz, na noite anterior. Os relatos coincidiam em vários pontos:

1. Havia lá cerca de 6 mil pessoas, segundo a Polícia Militar.
2. O governador, a prefeita e o ministro da Cultura, entre outras pessoas notáveis, estavam presentes.
3. O governador Geraldo Alckmin acendeu a iluminação da fachada exatamente às 20h45.
4. A prefeita Marta Suplicy deixou o evento às 21h15, seguindo para outro compromisso.

Os jornais divergiram, entretanto, quanto ao cronograma das obras de restauração da Estação da Luz:

90   A notícia como fábula

1. A *Folha* disse apenas que "foi entregue ontem a fachada restaurada da estação", sem informar se isso fazia parte de um projeto mais amplo.
2. O *Estado* publicou que a inauguração da nova fachada representava a primeira fase do projeto; e "a segunda será no fim do ano" (dando a entender que seria a última).
3. O *Diário de S. Paulo* informou que a obra "continuará até 2005 na parte interna da estação".
4. O *Jornal da Tarde* disse que "a recuperação da fachada inaugurada agora é parte de um trabalho que deve se prolongar por pelo menos mais cinco anos".

A discrepância em um tópico essencial dessa notícia — em contraste com a coincidência em bagatelas como a hora em que o governador acendeu a luz ou a hora em que a prefeita saiu — pode nos dar a sensação de que, ao consumir notícias, estamos ingerindo elementos transgênicos, ou seja, relatos modificados (ficcionalizados) por mecanismos insondáveis. Mas nem sempre eles são tão insondáveis. Nesse caso da nova fachada da Estação da Luz, tudo indica que foi descuido. Os repórteres pareciam mais interessados em reportar o evento pontual do que o projeto, de forma mais ampla. Por isso, temos algo embebido em pompa e circunstância, na fronteira do colunismo social.

Havia, porém, uma diferença de outro tipo. O título do *Diário de S. Paulo* (p. A4) era o seguinte: "Prefeita e Alckmin são vaiados na Luz". A informação foi reiterada no olho da matéria e serviu de base para o lide. O jornal chegou a dizer que a prefeita fora vaiada duas vezes (ao subir ao palco e durante a exibição de um vídeo institucional), enquanto o governador "foi vaiado e aplaudido ao mesmo tempo durante a cerimônia". Os outros três jornais não fazem qualquer referência ao fato em momento algum.

A diferença de informação, nesse caso, podia ter caráter político ou pelo menos intencional. A imprensa, em geral, reconhecia que a presença do governador e da prefeita nesse evento comemorativo dos 450 anos de São Paulo, dentro de um ano de disputa eleitoral, já fazia parte de uma queda de braço antecipada entre eles. Vaias, ainda que fracas, são um elemento objetivo e sintomático em um acontecimento público; subjetivo, isto sim pode ser o critério para noticiá-las ou não, ou com que grau tem destaque na página do jornal.

Não caberia aqui investigarmos o interesse que só o *Diário* pode ter tido, entre quatro jornais, em noticiar as vaias a dois personagens públicos no dia da inauguração da fachada da Estação da Luz. O que queremos é chamar a atenção para o manejo intencional da informação — diferente das distorções devidas à desatenção ou à negligência do repórter — como fator de fabulação no texto. Das duas, uma: ou o *Diário* fabulou, inventando uma vaia que jamais aconteceu naquele evento; ou então os outros três jornais o fizeram, por supressão, atendendo a interesses que não sabemos quais sejam. O argumento de que as vaias seriam um elemento irrelevante só caberia se o noticiário geral não enfatizasse a cerimônia, os personagens e o contexto político, em detrimento do restauro do prédio.

A TESOURA DE STALIN

O MANEJO DA INFORMAÇÃO — não apenas verbal, mas também visual — é coisa que vem de longe. Há casos emblemáticos. Durante os primeiros tempos do regime soviético, na Rússia, Josef Stalin

A notícia como fábula

não se limitava a liquidar fisicamente seus principais oponentes (sobretudo Leon Trotsky) dentro do partido bolchevique, mas também tratava de obliterar a imagem deles das fotografias. Houve até um caso grotesco em que os membros da cúpula comunista em 1926 (Nikolai Antipov, Sergei Kirov e Nikolai Shvernik, além do próprio Stalin) foram sumindo, um a um, ao longo dos anos, em diferentes versões fotográficas, até o ditador — que certa vez declarou que "não podemos fazer uma revolução com luvas de seda" — afinal ficar sozinho em uma pintura a óleo, baseada na primeira foto.

Nas décadas de 1930 e 1940, esses métodos de supressão eram quase artesanais; nem se sonhava com os modernos recursos eletrônicos de tratamento de imagens. Hoje, isso está ao alcance de qualquer um que tenha certa habilidade com o computador.

Porém, nem sempre esse manejo tem finalidade política. Há casos em que o propósito é de natureza estética. Podemos constatar isso, por exemplo, em uma reportagem turística publicada na revista *Próxima Viagem* (dez. 2001, p. 86-7), em que há uma foto da praia de Porto de Galinhas, em Pernambuco.

A imagem original mostrava quatro jangadas, sendo as duas mais próximas com publicidade dos sorvetes Kibon sobre as velas de fundo branco, dois jangadeiros, ambos com publicidade do cartão de crédito Visa sobre as camisetas tipo regata, também brancas e, no primeiro plano, duas mulheres, uma jovem e bonita, de corpo bem torneado, com biquíni rosa, e outra de biquíni azul, mais velha, cujo corpo já denotava o peso dos anos.

Na prova de cromalin, então usada para detectar os últimos ajustes feitos antes do fechamento de uma matéria de revista, a ponta do lápis dermatográfico vermelho do editor de arte circundou os dois logotipos da Kibon, nas velas das jangadas, e a mulher de biquíni azul; e três setas partem daí em direção a uma ordem seca, sumária e stalinista — "eliminar" — que paira no céu azul do Porto de Galinhas. É o suficiente. Daí por diante, era questão de manejar o programa gráfico no computador.

Na foto final, publicada pela revista, só apareceu a mulher jovem e bela, de biquíni rosa, e as velas das duas jangadas da frente têm a pureza do branco, sem publicidade alguma. Poderíamos nos perguntar por que ficou o logotipo do Visa, nas camisetas, e não o da Kibon, nas jangadas, mas nossa pergunta se perderia nas sombras dos anos. O fato é que aquela mulher de biquíni azul, cujos únicos crimes (aparentemente) eram a idade avançada e a celulite, desapareceu para sempre dessa foto turística, da mesma forma como os bolcheviques que atrapalhavam o interesse de um poder maior. É como as vaias ao governador e à prefeita, que ninguém ouviu, a não ser o repórter do *Diário de S. Paulo*, entre as seis mil pessoas presentes na Estação da Luz.

Do ponto de vista histórico, evidentemente, não podemos comparar o significado da supressão da figura de Trotsky de uma foto como aquela da mulher de biquíni azul. A primeira indica uma circunstância política que teve efeitos sobre a história da humanidade. A segunda é um fato individual, ou menos que isso: talvez nem a personagem obliterada tenha dado falta de si mesma se por acaso viu a versão final da foto na revista. Até porque em questão de segundos ela já não estava mais naquele ponto da praia, e sua ausência não torna a imagem menos plausível. Já os opositores de Stalin desapareciam de cenas públicas, oficiais, com milhares de testemunhas, e sua ausência era um indício flagrante de manipulação — ao menos para quem tivesse alguma familiaridade com a história da Rússia.

Essa mesma Rússia, no ano de 2002, foi tema de uma matéria realizada por mim e publicada na edição 123 (julho) da revista *Caminhos da Terra*. Na capa, aparecia uma imagem da Praça Vermelha, em Moscou, tendo ao fundo a Catedral de São Basílio. No primeiro plano, uma jovem loira, de vestido vermelho, que na verdade fora fotografada (testemunhei o fato) numa esquina da Avenida Nevsky em São Petersburgo. Houve, portanto, uma montagem. Alguns leitores perceberam, pois o resultado não foi excelente como muitas vezes é.

Quem conhece a Rússia sabe que esse tipo de mulher (alta, bela, loira, figurino nórdico) é muito mais comum em São Petersburgo do que em Moscou, cuja população é mais heterogênea, escura, não raro com traços orientais. Apesar de não ser inverossímil, a imagem final tem algo de estranho — seria o equivalente, no Brasil, a pegarmos a foto de uma baiana cor de jambo e a colocarmos na frente de fachadas em estilo enxaimel de uma cidade do Vale do Itajaí. Talvez um russo não notasse a incongruência. Um brasileiro, sim. E a recíproca é verdadeira com a capa da revista *Caminhos da Terra*, que para sorte nossa não circulou na terra de Stalin.

Isso mostra que a chance de uma manipulação jornalística "emplacar", como costumamos dizer na gíria, está diretamente ligada ao público ao qual se destina. Ao lermos sobre um acontecimento no jornal, não sabemos, em princípio, se estamos incluídos ou excluídos do grupo social em condições de detectar possíveis fraudes, omissões e distorções. Em outras palavras, não sabemos a *faixa de risco da notícia*. No caso da Estação da Luz, uma daquelas 6 mil pessoas que estiveram lá poderia dizer com certeza se houve mesmo a vaia à prefeita e ao governador — e qual foi sua magnitude. Todos nós que estávamos em outros lugares naquela noite chuvosa de janeiro de 2004 ficamos à mercê da fábula que lemos no jornal do dia seguinte.

■

9

A arte da escritura

◆

Numa noite do início de abril de 1973, na redação do *Jornal da Tarde*, em São Paulo, o redator Guilherme Cunha Pinto (conhecido entre os colegas de imprensa como "Jovem Gui") é incumbido por seu editor de fazer uma chamada de capa sobre a morte de um dos mais importantes artistas do século XX. Não é, portanto, uma tarefa fácil — embora curta, ou talvez por causa disso mesmo. Não sabemos quanto tempo Guilherme terá levado para conceber esta obra-prima: "Morreu Picasso (se é que Picasso morre)".

As virtudes dessa chamada de capa sobre a morte de Pablo Picasso são a concisão, o admirável contraponto da primeira parte, afirmativa e seca, com a segunda, dubitativa e elegante, própria de quem é capaz de relativizar o que acaba de dizer e, finalmente, a metonímia, figura de retórica que permite colocar uma palavra em lugar de outra — neste caso, evidentemente, o que se pressupõe imortal é a obra ou o legado do artista, não ele próprio, como homem. Com justa razão, esse título é até hoje lembrado pelos veteranos do *JT*.

Vamos a outro exemplo de beleza na escrita, manifestado em poucas palavras. Numa série de fascículos sobre a história das copas, publicadas pela revista *Istoé* em 1982, há uma matéria sobre a competição disputada quatro anos antes e vencida pela Argentina, jogando em casa. O título é forte: "78, no tapa e no apito". Trata-se de uma referência ao fato de os argentinos terem sido campeões valendo-se da violência e da ajuda dos juízes, numa copa jogada sob o tacão da ditadura militar. O mais interessante, no entanto, é a legenda da foto que mostra um jogador holandês caído diante do goleiro argentino. O atacante parece perplexo, de braços abertos, após perder — por um triz — uma chance preciosa, com o gol quase vazio, no apagar das luzes do segundo tempo, e que se fosse aproveitada quase com certeza teria representado a conquista da copa pela Holanda. Embaixo da imagem, lê-se: "A final, último minuto: Rensenbrink chuta o título na trave".

Essa legenda, além de sua carga dramática, faz um casamento perfeito com a foto, por causa de sua qualidade informativa. A aliteração baseada em cinco fonemas que envolvem a letra "t" — nas palavras *último, minuto, chuta, título* e *trave* — lhe confere um caráter de prosa poética. E ela é reforçada ainda mais pela metonímia: Rensenbrink, é claro, não poderia ter chutado na trave algo abstrato como o título da competição, e sim a bola, numa jogada de azar que acabou lhe custando a copa. Mas a figura de retórica, sem ser polissêmica, potencializa o efeito da frase, assegurando seu entendimento mesmo pelo leitor menos culto. Raras vezes temos isso no jornalismo: clareza e beleza juntas. E, quando a isso se agrega o senso de humor, temos então frases inesquecíveis, que adquirem quase um *status* de lenda no mundo do jornalismo.

É o caso, por exemplo, de uma história que contam por aí a respeito de uma chamada de capa publicada por um jornal sensacionalista de São Paulo na época da ditadura militar. A redação recebera a notícia de que dois homens, um soldado e um padre, haviam sido flagrados durante um ato de sodomia no qual o primeiro representava o elemento passivo. O assunto era, sem dúvida, de grande interesse para o público desse jornal, mas também perigoso por associar a prática do homossexualismo, numa época de baixa tolerância, a instituições tidas como baluartes da moral e dos bons costumes.

Diante desse dilema, e com o olho atento do censor cravado sobre a lauda enfiada no cilindro de borracha da sua máquina de escrever, o redator lavrou o seguinte título para aquela embaraçosa notícia: "Membro do clero penetra círculo militar". Não se sabe, até hoje, de outra situação em que um redator tenha conseguido lidar de forma tão brilhante com o que Foucault (2004) chamou de *ritual de circunstância*. Nem mesmo o fato, em si, é comprovado. Pode ser que os jornalistas de São Paulo, ao comentar o episódio, tenham colocado em prática aquilo que viram um colega pregar na tela do cinema, como o personagem do filme de John Ford: "Se a lenda for mais interessante que o fato, publique-se a lenda". Nesse caso, uma lenda sobre uma lenda. Navegamos nas brumas quando se trata de encontrar o limite entre realidade e ficção.

SINTONIA LITERÁRIA

AO DEPARARMOS COM pequenas preciosidades como essas, quando uma frase da imprensa ganha a refulgência de um haicai,

A notícia como fábula

perguntamo-nos onde estariam com a cabeça esses redatores ("copidesques", dizia-se então) ao "fechar" (finalizar o texto, colocar título, legendas etc.) essas matérias. Certamente, numa zona muito próxima à da literatura, no aspecto estético, embora não estivessem envolvidos em um projeto pessoal. Trabalhavam para empresas jornalísticas, sob pressão do fechamento. Talvez nem tenham se dado conta, naquele momento, de que tanto o título sobre a morte de Picasso quanto a legenda do gol perdido por Rensenbrink poderiam muito bem ser a frase inicial de um romance. Vejamos de novo, com outros olhos, pensando em um texto literário:

1. *Picasso morreu (se é que Picasso morre).*
2. *A final, último minuto: Rensenbrink chuta o título na trave.*

Muitos escritores almejariam produzir frases com tal qualidade poética e força propulsiva para iniciar seus textos. O que faz com que elas sejam material jornalístico é tão somente o fato de terem sido escritas sob as luzes fluorescentes do castelo, e não lá fora, nos penumbrosos bosques da ficção.

Isso não quer dizer, evidentemente, que a perícia textual baste para transformar um jornalista em escritor, sobretudo em um ficcionista. Um dos atributos essenciais para alguém que se envolve no mundo da literatura é aquilo que Joseph Brodsky (BEIRÃO, 1989, p. 26), poeta russo emigrado para os Estados Unidos, chamou em uma entrevista de *arte do estranhamento*. A pergunta que lhe foi feita ajuda a situar sua resposta:

> *O senhor diz que um verdadeiro artista deve adquirir a arte do estranhamento. O que vem a ser esta arte e como ela é adquirida?*

Por definição, o escritor não é um participante, é mais um observador. E a observação só pode ser feita de uma certa distância. Além dela, já não se pode ver nada, as coisas desaparecem da vista. O que permanece na mente é a imagem, uma idéia do lugar, das pessoas ou do fenômeno. Tem sido assim comigo. Mesmo quando via, bem em frente de meus olhos, as coisas com que estava me ocupando ou estava descrevendo, ainda assim, em minha mente, eu estava um pouco afastado delas. Há estranhamento, de um jeito ou de outro. E quando se aprende isso — aquilo que você chamou de arte, vamos chamar de arte —, quando se aprende o truque, mais fácil e instintivo ele se torna. Por exemplo, na Rússia, onde vivi por 33 anos, isso era quase uma necessidade. Eu me ensinei a olhar as coisas de uma distância. Acredito que eu tenha me distanciado por serem coisas tão irritantes, incômodas e desagradáveis que, gradativamente, se tornou instintivo lidar com uma pessoa do outro lado da mesa e, no entanto, olhar para ele ou para ela de uma distância considerável. O interlocutor pode não perceber isso. É um pouco corrosivo e contraproducente, mas é uma conseqüência do que estou fazendo. É como... não exatamente me resignar com essa peculiaridade minha. Melhor chamá-la de peculiaridade do que de dureza. Eu tento sustentar a minha aparência de humanidade. É isso o que estão vendo.

A fronteira entre o mundo do jornalismo e o da literatura também ocupa as reflexões do jornalista Claudio Abramo. Numa crônica de março de 1981 (1997, p. 44), ele pergunta:

Como um escritor constrói seus personagens? Eis algo que sempre me fascinou nos romancistas. Incapaz de escrever uma linha que não tenha pelo menos uma ligação subjetiva com a realidade ou pelo menos com a realidade como a vejo, eu naturalmente admiro os que conseguem criar tramas, enredos e personagens, com abundância de detalhes e riqueza circunstancial.

UM FOSSO INTRANSPONÍVEL?

COLOCADA DESSE MODO a questão, por Abramo, temos a impressão de que um fosso quase intransponível separa o castelo do jornalismo (iluminado como a Estação da Luz) dos bosques da ficção (cheios de ecos fantasmagóricos) que o circundam. Mas é só impressão. Logo vamos ver que as coisas não são bem assim. O fosso pode existir, mas tem pontes levadiças que sobem e descem a todo momento, convidando o jornalista a entrar naqueles bosques onde Umberto Eco e Joseph Brodsky o esperam para lhe ensinar a *arte do estranhamento*.

Vamos tomar o caso de um jornalista que talvez tenha atravessado essa ponte meio sem querer: Ricardo A. Setti. A matéria com a qual ele ganhou o Prêmio Esso de Reportagem em 1986 — "A história secreta do Plano Cruzado", publicada originalmente na edição de maio daquele ano pela revista *Playboy* e mais tarde, em 2001, convertida em livro — é aquilo que se poderia chamar um clássico do gênero. Pensamos aqui na definição de Italo Calvino (1994, p. 9): "Um clássico é um livro que nunca terminou de dizer aquilo que tinha para dizer" — tendo ela própria, a definição, certo pendor a se tornar clássica.

Setti toma um episódio dentro de um terreno específico, a economia, que não pouca gente considera árido e maçante, e com habilidade o transforma num *thriller*, repleto de suspense, articulações, escaramuças, dilemas pessoais e embates estratégicos. O fato de já sabermos como a história acaba não diminui o prazer de vê-la narrada desse modo emocionante, como se aquilo tudo acontecesse pela primeira vez; e mesmo que a maioria dos personagens, reais, já não tenha a importância que tinha à época na sociedade brasileira, também pouco importa. Eles estão vivos no texto, porque foram bem descritos e inseridos numa trama que funciona. Eis a atemporalidade que caracteriza, entre outros fatores, o texto clássico.

Vamos abrir o livro de Setti (2001, p. 46). Lá encontramos:

A arte da escritura   103

Quinta-feira, 27 de fevereiro de 1986, 21h15. Quando Joaquim Campelo chegou ao Alvorada naquela noite, pôde ver, ainda por um dos vidros da fachada frontal do palácio, que o presidente, sozinho, trabalhava na sala da ajudância-de-ordens de dona Marly — uma sala com duas mesas e máquinas de escrever elétricas, uma estante e dois arquivos de aço. Extremamente cioso da solenidade que o cargo deve conter, o presidente estava no entanto se permitindo trabalhar de camisa social, sem paletó e sem gravata, e batia em silêncio, ele próprio, a uma máquina elétrica. O assessor entrou no palácio, passou por uma sala de espera e por outra saleta e, ao chegar à porta da ajudância, cumprimentou o presidente. Concentrado no trabalho, [José] Sarney disse apenas:

— Oi, Campelo.

Roseana e dona Marly vez por outra passavam onde o presidente trabalhava, voltando em seguida para a biblioteca do palácio, contígua à ajudância. Ali, um grupo de ministros e assessores estava reunido. Roseana chegou a atender a um telefonema do senador Fernando Henrique Cardoso, do PMDB de São Paulo, que ainda na véspera concedera uma entrevista ao *Jornal do Brasil* criticando duramente o governo e o próprio presidente. Informado de que Sarney trabalhava, o senador ficou de telefonar mais tarde.

Eram 23h30 quando o presidente passou à biblioteca trazendo na mão o texto do pronunciamento mais importante de sua carreira política. Dirigindo-se aos presentes, convidou:

— Eu já acabei. Vamos ver o discurso?

Enquanto eles tomam conhecimento do discurso do presidente Sarney, e FHC esperava para ligar de novo, naquele longínquo e caótico 1986, no Palácio da Alvorada, nós nos deslocamos mais ainda no tempo e vamos ao dia 15 de junho de 1812. As tropas francesas acabam de invadir a Rússia. Estamos dentro daquele texto de Leon Tolstoi que muitos consideram o maior romance de todos os tempos. O ajudante de ordens Balachov, general adido ao Estado-maior do imperador russo Alexandre I, encontra o comandante inimigo, Napoleão Bonaparte, para entregar-lhe uma carta do czar.

104   A notícia como fábula

Durante dois minutos Balachov ficou esperando em pé. Passos rápidos se fizeram ouvir do outro lado da porta. Ambas as folhas se abriram rapidamente, tudo ficou silencioso e, no gabinete, ressoaram passos firmes. Era Napoleão. Acabava de vestir-se para seu passeio a cavalo. Usava um uniforme azul deixando aparecer o colete branco que cobria seu ventre saliente; culotes brancos moldavam-lhe as coxas curtas e roliças; calçava botas altas. Evidentemente acabara de pentear os cabelos curtos, mas uma mecha caía sobre a larga fronte. O pescoço branco e gordo se derramava sobre a gola preta do uniforme; um perfume de água-de-colônia emanava de sua pessoa. Seu rosto cheio, moço, com o queixo proeminente, tinha uma expressão de benevolência amável e majestosa.

Entrou, trazia a cabeça levemente atirada para trás; cada passo era acompanhado de um movimento nervoso. Sua pessoa atarracada, de ombros largos e fortes, o ventre proeminente, tinha esse ar representativo dos homens em volta dos quarenta anos e que levam uma vida folgada. Além disso, via-se que nesse dia ele estava muito bem-humorado.

Respondendo à saudação profunda e respeitosa do embaixador de Alexandre, sacudiu a cabeça, aproximou-se e logo entrou no assunto, como um homem para quem todos os instantes são preciosos e que não costuma preparar seus discursos, na convicção de que sempre dirá bem o que tiver a dizer.

— Bom dia, general, recebi a carta do Imperador Alexandre que o senhor trouxe e tenho muito prazer em vê-lo. — Seus grandes olhos pousaram-se em Balachov e logo se estenderam para além dele. Era claro que a pessoa de Balachov não o interessava de forma nenhuma, e só o que se passava no seu íntimo tinha importância para ele. Tudo o que se passasse no exterior, para ele, não tinha a menor importância, já que, segundo lhe parecia, todo o mundo dependia de sua vontade.

— Não desejo e não desejei a guerra, mas fui forçado a ela. Mesmo agora (acentuou esta palavra) estou pronto a aceitar todas as explicações que o senhor tiver a me dar (TOLSTOI, 2002, p. 688).

Os textos de Setti e Tolstoi, cujas realizações estão separadas por 120 anos e muitos fusos horários, sem falar no gênero e na extensão, guardam, no entanto, uma semelhança que merece ser assinalada. Ambos buscam retratar lances nos bastidores do poder em episódios que tiveram influência sobre a vida de milhões de pessoas num certo momento da história.

Nem Setti nem Tolstoi estavam lá, diante de Sarney ou Napoleão, no momento em que aqueles fatos aconteciam. Para retratá-los, precisaram recorrer a outras fontes que não a observação direta, presencial; e não teriam como produzir textos de qualidade se não pudessem também contar com a ajuda da imaginação. A diferença, nesses dois casos, está no tipo de *contrato de leitura* que cada um deles propõe ao leitor. A *suspensão voluntária da descrença*, da qual já falamos, é prerrogativa básica do escritor de ficção, mas um jornalista que almejasse algo semelhante seria colocado em camisa de força.

Quando Abramo (1997) pergunta "Como um autor constrói seus personagens?", sugere que *construir* seja privilégio da atividade ficcional. Entendemos então que figuras da vida pública como Sarney e Napoleão já chegariam *prontas* à mão do homem que escreve. Ora, muito pelo contrário. Se em trabalhos de escrita mais ambiciosos, como são esses de Setti e Tolstoi, cada qual em seu gênero, o autor retrata personagens usando apenas aquilo que conhece, está fadado ao fracasso. Desse ponto de vista, sua responsabilidade é até maior do que a daquele que inventa nomes e traça perfis sem necessidade de correspondência, apenas de verossimilhança. Mas está justamente aí, na verossimilhança, o grande desafio de quem escreve, e isso é sabido desde os tempos de Aristóteles. O Sarney de Setti "funciona". Mas, se alguma vez ele realmente disse "Oi, Campelo", Setti não o presenciou, tendo se baseado em fontes que considerava confiáveis. A cena é irrecuperável. A frase de Sarney está quase tão perdida no passado quanto aquela outra dita pelo Napoleão de

Tolstoi: "Bom dia, general, recebi a carta do Imperador Alexandre que o senhor trouxe e tenho muito prazer em vê-lo".

O que o homem de letras de fato precisa para produzir bons textos é ser versado na *arte do estranhamento* preconizada por Brodsky (BEIRÃO, 1989). Este é outro fator de fabulação. Se o jornalista possui essa capacidade de distanciar-se do tema sem perder o foco, as pontes levadiças descem ao natural, ligando o castelo aos bosques circundantes. Ficção e jornalismo se fundem, resultando daí uma liga metálica de alta densidade. As referências maiores de um povo encontram respaldo, muitas vezes, na imaginação de uns poucos. A legenda da foto a que já nos referimos, feita por um redator anônimo da *Istoé*, não apenas resume o último ato daquela copa como poderia ser o embrião de um romance: *A final, último minuto: Rensenbrink chuta o título na trave.*

PRINCÍPIOS MEDIADORES

O CRÍTICO LITERÁRIO Antonio Candido (1970, p. 67) afirma:

> [...] o sentimento da realidade na ficção pressupõe o dado real mas não depende dele. Depende de princípios mediadores, geralmente ocultos, que estruturam a obra e graças aos quais se tornam coerentes as duas séries, a real e a fictícia.

Nesse fragmento, uma expressão nos salta aos olhos: *princípios mediadores*. Vale a pena colocar a lupa sobre ela, pois constitui o próprio princípio ativo de um texto. O misterioso atributo que faz com que ele funcione ou não. Esses tais princípios mediadores, na verdade, parecem ser mais uma sensação de leitura do que um dispositivo textual. Estão associados à capacidade do autor em criar cumplicidade com o leitor.

A arte da escritura   107

Quem escreve precisa, para si próprio, da *arte do estranhamento*, mas não deve provocar estranheza nos outros — e sim surpresa. São coisas diferentes. A surpresa atrai; a estranheza afasta. A surpresa acontece quando o autor fala dentro de um código conhecido do seu leitor; e, caso não o faça, deve vencer o desafio de introduzir um novo código de modo amigável, sem ser professoral nem impositivo. Deve dar a impressão de que seu pequeno universo é a coisa mais natural do mundo, ainda que nele um homem possa acordar transformado num inseto, como nos propôs Kafka. Se isso parecer surpreendente, tudo bem. É uma premissa do trabalho. Estranheza seria dizer que um homem acordou vestindo seu pijama, apenas isso, e não saber relatar esse fato para além daquilo que Edvaldo Lima (1993) chama de fatualidade restrita.

É engano pensar que os *princípios mediadores* de que fala Antonio Candido (1970) sejam exclusivos do texto ficcional. Eles existem na matéria jornalística bem realizada. O jornalista também precisa seduzir o leitor valendo-se de um conjunto de mecanismos que inclui, entre outros, o fator surpresa. O texto tem de ter uma atmosfera própria — senão, nada feito.

Uma vez perguntaram a Louis (não Neil) Armstrong o que era o jazz. Ele respondeu: "O jazz não é um *que*, mas um *como*". A resposta ficou famosa pela perspicácia e pela abrangência. Entra como uma luva no ofício da escrita jornalística ou ficcional. Esse *como* de Louis se assemelha aos *princípios mediadores* de Antonio Candido. Poderíamos chamá-los de "princípios modeladores", mas não nos ajuda criar demasiados conceitos num terreno onde o que vale é o improviso.

A capacidade de improvisar, de modo que um texto seja diferente de outro, depende basicamente da convicção de quem escreve. Quando produz ficção, para o autor aquilo não é bem ficção, mas um evento já processado em seu íntimo, que deve ser relatado com precisão, assim como um professor de geografia falaria dos afluentes do Amazonas, sem desmentir as imagens dos satélites. Na hora de escrever, o escritor tem o mesmo grau de comprometimento com esse algo (a conversão de uma imagem em palavras) que o jornalista em relação ao fato externo, que pode interpretar, mas não falsear.

Os *princípios mediadores* impedem que o relato seja falso. Para que entrem em funcionamento é preciso que a ficção adquira, no espírito do escritor, o mesmo grau de firmeza, de concretude e de emergência que podemos esperar de uma notícia jornalística. Inversamente, para que o jornalista consiga cativar o leitor com algo surpreendente, mesmo quando lhe cabe escrever sobre um buraco de rua em frente à padaria do português, ele precisa primeiro *amolecer a percepção do fato*, como quando se deixa o feijão de molho na água.

10

A tentação dos adjetivos

◆

Numa matéria sobre a campanha eleitoral para a presidência do Brasil, na p. 22 da revista *Época*, em 16/9/2002, o jornalista Kaíke Nane compara o candidato José Serra com políticos de outros países:

> Se a personalidade de um presidente não define o perfil de um governo, é certo que influencia, e muito. Boris Yeltsin, um bêbado, conduziu a Rússia de modo claudicante à ruína. O caubói texano George W. Bush comporta-se como Durango Kid da política internacional. E a frivolidade de Carlos Menem, que adorava desfilar de Ferrari e paquerar atrizes de cinema, inaugurou na Argentina uma fase de gastos irresponsáveis. Quando a personalidade do líder é muito forte, como é o caso de José Serra, sua influência sobre o governo é ainda maior.

Na p. D4 da *Folha de S.Paulo*, em 14/12/2003, Toni Assis conta a trajetória de Vanderlei Luxemburgo no mundo do futebol, compondo um pequeno perfil do técnico. Ele afirma: "Quando começou a dar seus primeiros passos na profissão,

Vanderlei Luxemburgo em nada lembrava a figura pomposa e vaidosa dos dias de hoje".

Nessa mesma edição da *Folha*, na p. A30, lê-se no alto de uma matéria dedicada à política internacional: "Enquanto os americanos aprofundam sua guerra sem limites, Pequim exibe voracidade comercial e amplia influência entre vizinhos".

Se recuarmos seis décadas, para um outro 14 de dezembro, porém do ano de 1942, encontramos no jornal *A Gazeta*, de São Paulo, então dirigido por Cásper Líbero, uma matéria bombástica na primeira página. Apresenta fotos de um episódio ocorrido um ano antes, no meio do Oceano Pacífico, e que fora decisivo para os rumos da Segunda Guerra Mundial. "O traiçoeiro ataque nipônico à base de Pearl Harbor", diz a manchete do jornal.

Podemos sentir, nesse título, o peso determinante da palavra *traiçoeiro*, que vem antes das outras. Ela impõe ao leitor uma maneira de ver o fato. Bem, isso foi em 1942; os jornalistas brasileiros não queriam que o presidente Getúlio Vargas se aliasse à Alemanha nazista, e tal possibilidade parecia plausível. Tudo isso pode ser dito como justificativa para tanta ênfase. Mas a palavra *traiçoeiro* está lá. Podia ser *súbito*, *rápido*, *repentino*, *inesperado*, *relâmpago*. Não faltam em nossa língua palavras que dão ideia de agilidade, sem o componente negativo de deslealdade e perfídia que existe em *traiçoeiro*.

Na década de 1970, os jornalistas brasileiros — em grande parte contrários aos regimes autoritários que pululavam pela América Latina — costumavam usar a palavra *ditadura* para qualificar o regime chileno encabeçado por Augusto Pinochet, mas não incluíam a Cuba de Fidel Castro na mesma categoria. Era um caso evidente de dois pesos e duas medidas. Mesmo supondo-se que uma ditadura considerada *de esquerda* pudesse ser menos condenável que uma *de direita*, como dizíamos, isso não passaria de uma opinião, uma esperança sincera do coração, sem respaldo no bom-senso. De fato, não poucos profissionais da imprensa, naquela época, eram simpatizantes do regime castrista. Isso não deveria impedi-los de admitir que Cuba era e continua sendo *tecnicamente*, digamos assim, uma ditadura, ainda que pudesse ter aspectos mais românticos, e até positivos, do que aquela outra que se abateu sobre o Chile. Antes de qualquer ideologia, o homem que escreve tem um pacto de lealdade com o significado das palavras.

REFERÊNCIAS VOLÁTEIS

O QUE NOS SALTA aos olhos nos exemplos arrolados? Antes de tudo, a existência de elementos direcionadores de leitura: Pinochet é um ditador, Yeltsin é um bêbado, Bush é um caubói, Menem é um frívolo, Luxemburgo é um vaidoso, os japoneses são traiçoeiros, os chineses são vorazes, os americanos são belicosos etc. Claro, tais rótulos estão apoiados em argumentos — mas quem disse que os argumentos não estão apoiados em rótulos?

Os jornalistas, pessoas que escrevem a história do cotidiano moderno, como seus leitores, também se movem num mundo de referências voláteis. Cada vez têm menos oportunidades de usar seus cinco sentidos diretamente sobre o objeto do qual se ocupam. Tornam-se, sem querer, fortes candidatos a entrar nos bosques da ficção.

> A relação entre os intelectuais e o mundo da produção não é imediata, como é o caso nos grupos sociais fundamentais, mas é "mediatizada", em diversos graus, por todo o contexto social, pelo conjunto de superestruturas do qual os intelectuais são precisamente os "funcionários". (GRAMSCI, 1968, p. 10)

Essa reflexão de Antonio Gramsci hoje parece chover no molhado: já sabemos muito bem que as luzes fluorescentes do castelo não são para quem se pretende um livre-pensador, figura quixotesca na sociedade de consumo. O jornalista trabalha para um empresário; portanto, sua carreira pode ser facilitada caso ele se disponha a contar a história que o patrão quer que seja contada; em vez de subir pela escada, ele subirá pelo elevador, vi isso acontecer em muitos lugares por onde passei.

Vejamos uma história que se conta por aí. As matérias sobre o trabalho feminino no Brasil costumam bater sempre na mesma tecla: apesar dos avanços dos últimos anos, a mulher continua sofrendo preconceitos, está menos presente que o homem no mercado de trabalho, sobretudo nos cargos mais elevados e, em condições iguais, ganha menos que ele. Isso nos parece óbvio. Aliás, o IBGE e outras instituições dispõem de dados estatísticos para apoiar esse panorama. Em suma, a mulher está subindo, mas continua por baixo. Porém, esse mesmo IBGE informa que, com respeito ao trabalho infantil, essa ignomínia nacional, na faixa de 5 a 14 anos, em 2002, os meninos eram mais do dobro (1,5 milhão) das meninas (700 mil).

Essas informações permitem que se pense o seguinte: no que diz respeito ao sexo dos trabalhadores brasileiros, em termos globais, não há propriamente um quadro desfavorável à mulher. Ela é de fato discriminada de forma injusta na parte visível do mercado, enquanto o homem é sacrificado na parte invisível e, em grande parte, insalubre e ilegal.

Não se trata aqui de defender uma teoria compensatória. Ela seria, antes de mais nada, cínica. O importante é ressaltar dados que deveriam aparecer juntos na imprensa, em favor de uma visão clara do problema. Na verdade, ele não admite uma abordagem tão marcadamente sexista como em geral se faz. Porém, tais pontos de vista, por mais distorcidos que sejam, sustentam pressupostos do movimento feminista entranhados na mídia desde meados do século XX e hoje disseminados pelo mundo corporativo em geral. Uma superdose de ideologia pode turvar a visão como um veneno de cobra. Por conta disso, não se aceita que possa existir certo equilíbrio entre os sexos nas agruras do mercado de trabalho, ruim para todos, do mesmo modo como o esquerdismo fervoroso refutava a equivalência entre as ditaduras de Castro e Pinochet, também ruins para todos. Se o editor de um grande jornal pensasse o contrário, naquela época, provavelmente colocaria sua cabeça na linha de tiro. Pois há sempre um pensamento dominante, dentro ou fora do castelo, que faz ficção na medida dos seus interesses.

NO CAMPO DA HISTÓRIA

O HISTORIADOR TRABALHA com outras escalas de tempo, diferentes das do jornalista. Pode não ter a pressão do chefe, do anunciante, da rotina que lhe coloca diante dos olhos a cada instante uma nova página a ser fechada, da necessidade de impacto no título, mas tampouco está livre das *superestruturas* referidas por Gramsci (1968) e que assumem nomes diversos em outros sistemas de pensamento. Certo grupo minoritário de historiadores americanos, tidos como *de esquerda*, já chegou a afirmar que o presidente Franklin Roosevelt sabia do ataque japonês à base naval de Pearl Harbor, no Havaí, mas não tomou providências porque precisava de um pretexto para entrar em guerra contra o Eixo. Bem, estamos acostumados a coisas desse tipo. Já ouvimos mais de uma vez que os navios brasileiros

114 A notícia como fábula

supostamente afundados por submarinos alemães, na década de 1940, na verdade teriam sido atacados pelos norte-americanos, interessados em forçar a entrada do Brasil na guerra em favor dos aliados. Como se vê, a linha argumentativa que contraria a majoritária segue um padrão: tem como ponto de partida uma descompressão brusca, inesperada e um tanto cinematográfica, como num roteiro de Alfred Hitchcock, da versão que antes voava em céu de brigadeiro, aceita por todos.

Em 2003, circulou na internet uma história, bem forrada de argumentos, de que o governo americano (uma vez mais!) teria planejado o ataque terrorista às torres gêmeas de Nova York, ocorrido dois anos antes, como forma de justificar as consequentes intervenções militares no Oriente Médio. Hoje tudo isso tem, para nós, certo tom ficcional. O mesmo tom que teria, provavelmente, a história dos ataques terroristas aos símbolos do poder americano, se nos tivesse sido contada na noite de 10 de setembro, véspera do episódio.

Precisamos que nos contem histórias. Faz cinco mil anos que estamos sentados em volta da mesma fogueira, esperando que o narrador comece a contar a próxima. Ele escolherá as palavras, não nós.

Bêbado pode ser uma palavra cabível, se aplicada a Yeltsin. Ao menos, não se sabe de nenhum jornalista estrangeiro expulso da Rússia pelo fato de usá-la em relação à figura do presidente, como quase aconteceu no Brasil, em maio de 2004, com o correspondente do *New York Times*. Um jornalista brasileiro, sob pena de sofrer processo por difamação, talvez pensasse duas vezes antes de qualificar desse modo um personagem público do próprio país, ainda que todos saibam que libações alcoólicas não são raras no perfil de nossos governantes. Um deles, aliás, jamais explicou direito por que largou a presidência depois de alguns meses, mergulhando o país no caos e abrindo caminho para a ditadura militar.

Bêbado, pelo menos, é algo concreto. Já *vaidoso* e *traiçoeiro* são qualificações imensuráveis por um recurso semelhante à dosagem alcoólica. Prestam-se, portanto, como um *fator de fabulação*. E dos bons: pode ser dissimulado por sua sintonia com o senso comum ou com os interesses do poder dominante, que não raro andam de mãos dadas.

■

11

Quando saímos da estrada

◆

Um dos mais elementares entre os fatores de fabulação não atua no plano da linguagem, mas no do manejo de blocos de conteúdo. Trata-se dos critérios usados para divulgar ou não certa versão dos acontecimentos imediatos ou de linhas de pensamento. Sabemos *que* — mas nem sempre *quando* — esses critérios estão mais ou menos atrelados aos interesses de determinada fonte de poder local ou global. Certas escolas americanas de orientação criacionista simplesmente obliteram a teoria darwinista da evolução das espécies, como se ela jamais houvesse existido nem merecesse ser ao menos estudada. No Texas, uma lei de 1995 deu ao Estado o direito de rejeitar livros que tragam "informações imprecisas" como a de que, por exemplo, o aquecimento global está alterando o clima. E no país também circulam livros de história que apontam os americanos como vencedores da Guerra do Vietnã.

Neste último caso, temos uma fábula no mais elevado grau. Ela apresenta uma versão factível — afinal, pode-se perder ou ganhar uma guerra — porém inaceitável por contrariar evidências históricas e o testemunho de milhões de pessoas. Já o primeiro caso envolve um componente menos objetivo, a crença, e ignora as vantagens óbvias de refletir sobre ideias opostas, costume enraizado na cultura ocidental desde o iluminismo. Quanto à questão do aquecimento global, o assunto não é exatamente aquele que mais interessa à indústria do petróleo.

UM "AVISO" DO PRÍNCIPE REGENTE

POR SUA IMPORTÂNCIA no comportamento popular, o controle da informação é algo que está na berlinda desde muito antes de a mídia ter a força modeladora que tem hoje. No Brasil, mesmo antes da independência, quando a língua portuguesa era falada por uma minoria da população, a liberdade de manifestação de pensamento já era um tópico que merecia atenção. Ele aparece nas bases da Constituição de 1821, aprovada em Portugal pelas chamadas Cortes Constituintes. Em 28 de agosto daquele mesmo ano, o príncipe regente Dom Pedro I deu ordem para "que não se embarace por pretexto algum a impressão que se quiser fazer de qualquer escrito" (RIZZINI, 1946, p. 329). Abolia, assim, a censura prévia, um ano antes de, às margens do Ipiranga, soltar seu grito de "Independência ou morte!"

A censura, em tese, pode ser desautorizada. O que não se pode abolir por decreto é o controle da informação. Qualquer pessoa familiarizada com o campo da comunicação social sabe que o cerceamento da palavra, falada ou escrita, é um componente sistêmico de qualquer instituição; subsiste de forma tácita no dia a dia e sobressai em períodos críticos. Captar a informação torna-se menos importante do que saber ajustá--la ao *ritual de circunstância*. Não por acaso, o mercado de trabalho em assessorias de imprensa tem se ampliado de maneira tão exuberante, enquanto minguam os postos de trabalho nas redações convencionais.

Em 1972, a ditadura militar mantinha censores dentro dos principais órgãos de imprensa que não fossem lá muito afinados com o regime. Naquela época, em São Paulo, eu começava meu curso de jornalismo, à noite, e de dia trabalhava em meu primeiro emprego, como revisor. O departamento de revisão da Editora Abril funcionava no primeiro andar do prédio da Marginal Tietê, com vista para o rio imundo, imóvel entre duas torrentes de trânsito multicolorido. No topo do prédio, e também no das aspirações profissionais de muitos de nossa geração, a revista *Veja* ostentava a respeitável posição de um dos órgãos de imprensa mais visados pela censura. Aquele era um mundo próximo, desejado, mas ao mesmo tempo proibido para nós, meros revisores, aos quais o pessoal da redação não raro tratava como se fôssemos engraxates de sapatos. No entanto, por conta do nosso trabalho, que abrangia todas as editorias, tínhamos chance de ler as provas tipográficas das matérias vetadas pelo censor (das quais eu fazia fotocópias para distribuir à noite na escola) e as outras, às vezes anódinas, que iriam substituí-las.

O setor mais qualificado da imprensa vivia situação semelhante. Para chamar a atenção sobre a censura prévia a que eram submetidos, o *Jornal da Tarde* e *O Estado de S. Paulo* passaram a usar calhaus inusitados: receitas culinárias e versos de Camões, respectivamente. Esse recurso, porém, em geral passava batido diante dos olhos do leitor comum. Só as pessoas

A notícia como fábula

mais informadas sabiam o que estava acontecendo nos bastidores da imprensa; e as mais atentas eram capazes de decifrar o
código utilizado nos calhaus e nas entrelinhas das matérias.
Nós, estudantes, nos sentíamos sufocados. O peso da situação
política era sensível na banca de jornal e na vida cotidiana.

"CABO, NÃO DISCUTA: ESCREVA!"

No FINAL DA TARDE de uma sexta-feira de 1974, parti com o amigo Alceu Nader, colega da faculdade, para uma longa (e irres-
ponsável) viagem noturna de carro de São Paulo até Ouro Preto.
Direto, sem dormir. Éramos jovens e achávamos que as estradas
tinham sido feitas para nós; para que perder tempo na cama? Ao
amanhecer, vencidos pelo sono, saímos da estrada numa curva
e sofremos um acidente dentro do município mineiro de Lagoa
Dourada, pouco adiante de São João Del Rei. Por sorte escapa-
mos de um desfecho trágico, mas destruímos a frente do Fusca
amarelo, meu primeiro carro, que só um beatlemaníaco seria
capaz de imaginar anos depois como sua versão pessoal do
yellow submarine. Por conta daquela besteira de viajar à noite, e
já com a cara coberta por esparadrapos, precisamos fazer um
registro de ocorrência na polícia para encaminhar à seguradora.

A delegacia local era um cubículo com uma mesa e uma
máquina de escrever velha, empoeirada, com a fita gasta e seca.
Parecia fora de uso havia meses. Ali não acontecia nada. O sargento que nos recebeu arvorou-se em ditar ao escrivão, um cabo,
fragmentos que ainda lembrava do texto-padrão de um registro
policial. Homem rústico, quase iletrado, ele cometia erros lin-
guísticos que divertiriam os espectadores de um programa de
humor na televisão. O cabo, mais culto, e por isso constrangido,

olhava-nos meio sem jeito a cada gafe do seu superior de farda. Quando o erro beirava o ridículo, o subalterno julgava-se na obrigação de intervir:

"Sargento, não ficaria melhor se..."

O chefe dava-lhe um corte na hora:

"Cabo, não discuta: escreva!"

Isso se repetiu várias vezes enquanto era lavrada a ocorrência. A frase do sargento de Lagoa Dourada, ridiculamente autoritária, ficou na nossa memória por muito tempo. Alceu e eu, de vez em quando, a recordávamos em tom de pilhéria. Mas na brincadeira entre amigos havia algo de muito sério, como as badaladas do destino, e creio que o sabíamos de algum modo. O episódio burlesco, que podíamos muito bem deixar quieto na prateleira do folclore de província, era também o prenúncio do que nos aguardava, como futuros jornalistas, num país que vivia sob o tacão dos militares. "Cabo, não discuta: escreva!" Nunca esquecemos o olhar de desconsolo do cabo, mais preparado, mas menos graduado, enquanto escrevia aquilo que não queria escrever.

"VOCÊ NÃO ESTÁ AQUI PRA PENSAR!"

OITO ANOS DEPOIS daquele nosso acidente a caminho de Ouro Preto, Alceu Nader trabalhava como subeditor de economia na revista *Veja*, aquela mesma que eu almejava chegar no tempo em que era revisor da Abril. Os tempos eram outros. A revista já estava livre da censura do regime militar, que estertorava.

Era uma desgastante jornada de fechamento, trabalho duro, noite adentro, como aquela de nossa malfadada viagem a Minas. Alceu Nader viu então acontecer a seu lado, na editoria de economia, uma reedição da cena de Lagoa Dourada. Nessa época, a empresa italiana Parmalat expandia-se no Brasil por meio da compra de pequenas cooperativas de produção de leite, em alguns casos para acabar com elas. A matéria levava a rubrica *Multinacionais*; o redator precisava fazer um título de até 14 caracteres, o que, com o cansaço da madrugada, nem sempre é fácil. Escreveu: "Agora, o leite". O editor-chefe viu nisso um tom crítico à atuação das multinacionais no Brasil. Mandou mudar. O redator tentou argumentar:

"Mas eu pensei que..."

O chefe o interrompeu:

"Você não está aqui para pensar, mas para escrever!"

A similaridade das duas cenas — uma delas acontecida na redação da revista de maior circulação no país, a outra numa delegacia empoeirada no interior de Minas — recorda algo de que às vezes esquecemos: onde quer que estejamos no âmbito do mercado de trabalho, os textos são escritos de cima para baixo. Isso vale tanto para sua disposição gráfica, obviamente, quanto para as instâncias de poder que determinam seu conteúdo. A técnica da pirâmide invertida, segundo a qual, no jornalismo noticioso, as informações básicas devem abrir o texto, só vale para a estrutura das matérias, não para as instituições que pagam para produzi-las. Era comum esquecermos isso quando a figura de um censor, em carne e osso, circulava dentro da redação. Sua ausência, hoje, não quer dizer que não haja um foco de poder, próximo ou distante, com uma história a ser contada. Há sempre alguém, no topo da pirâmide, com suas preferências sobre como deveríamos fazê-lo. Que disso surja uma fábula, é questão de se ter bons fabulistas. E disso já devia saber, a seu modo, o sargento de Lagoa Dourada.

12

Eloquência vazia

◆

Se fosse possível sintonizar o rádio, neste momento, em certa transmissão esportiva realizada em meados da década de 1970, pela Record de São Paulo, encontraríamos o locutor Fiori Gigliotti a postos em sua cabine no estádio mais tradicional da cidade. Com sua voz rascante, inconfundível, ele desfia seus bordões. A certa altura do jogo, ao ver os guarda-chuvas se abrindo na arquibancada, dispara: "E agora, senhores, aquele que está nas alturas nos dá mais uma prova de sua existência, enviando-nos as primeiras lágrimas da natureza: chove em Pacaembu!"

Essa linguagem barroca, que procura galantear o público, para além de informá-lo, contrasta com a impostação técnica do boletim meteorológico do InfoTempo colocado na internet em 3/5/2004:

> A massa de ar seco que está sobre a região central do país impede que a frente fria que chegou ao sul avance para o norte [...] Na terça--feira, o sistema que está sobre o sul se intensificará, mantendo o céu nublado e com chuviscos [...] A frente fria que está semi-estacionária

na altura de SC mantém o tempo encoberto e com chuva no Estado, e com chuviscos na maior parte do PR e no centro-norte e sul do RS.

Duas certezas sustentam essas afirmações. Gigliotti impõe ao ouvinte sua crença pessoal na existência de Deus ("aquele que está nas alturas"), vinculando-a à ocorrência da chuva, fenômeno verificável por qualquer torcedor no Estádio do Pacaembu. Já o InfoTempo baseia-se em aparelhos como um radar ou um satélite (que, aliás, também "está nas alturas") para nos dizer, em tom peremptório, não o que está acontecendo no momento, mas o que deve acontecer no futuro. E resguarda-se o direito de adaptar os boletins sucessivos ao que vier a suceder na atmosfera.

Apesar de tratar-se de meras previsões, damos um voto de confiança ao InfoTempo. Afinal de contas, a entidade não fala em "lágrimas da natureza", como Gigliotti, mas se dirige a nós numa linguagem objetiva, cheia de expressões como "massa de ar seco", "frente fria semi-estacionária", "sistema que está sobre o Sul" e assim por diante. Às vezes, mal fazemos ideia do que isso significa, mas mesmo assim nos sentimos seguros porque o jargão meteorológico, embora obscuro, nos parece familiar, confiável, edificante como aquelas missas rezadas em latim, em tempos que não voltam mais.

Esse confronto de linguagens nos leva a pensar na retórica como fator de fabulação. Mas atenção: não se trata apenas daquela retórica de sintaxe barroca, salpicada de latim, do tempo em que os bacharéis eram incensados como o suprassumo da sabedoria. Também há uma outra, técnica, enxuta, insípida, que reproduz os valores atuais, e só por isso nos parece idônea, não pela lógica interna do discurso. Quando ouvimos falar no rádio de um "sistema que está sobre o Sul", sabemos que ali está algo acima das nossas forças, assim como os desígnios divinos para o homem da Idade Média.

ECONOMIA E METEOROLOGIA

NA *FOLHA DE S.PAULO*, caderno Dinheiro, p. B3, em 2/5/2004, temos o seguinte lide para uma matéria de uma coluna:

> Os gastos do governo com o pagamento do seguro-desemprego aumentaram 18% no primeiro trimestre deste ano em relação ao mesmo período do ano passado, embora o número de trabalhadores que recebem o benefício tenha apresentado queda de 36%.

Ainda que possamos compreender o texto, que é claro, não temos elementos para aquilatar a relevância dos fatos apresentados dentro da conjuntura econômica. A matéria pouco contribui para isso. A experiência nos tem mostrado, aliás, que a economia é tão imprevisível quanto a meteorologia. Os fluxos do dinheiro, no mundo em que vivemos, assim como as frentes frias e massas de ar seco, têm suas rotas alteradas por fatores que não conseguimos visualizar. Em textos desse tipo, portanto, há um obscurantismo de fundo que se disfarça sob um tipo de escrita objetiva, isenta de adjetivos, supostamente neutra porque não tem palavras sobrando.

Somos presas fáceis de uma linguagem que pertence ao mundo insondável dos especialistas, cheia de siglas e porcentagens, assim como nossos antepassados eram seduzidos pela erudição dos discursos de Ruy Barbosa e pelos preciosismos que a imprensa propagava. Vamos lá. Em julho de 1897, nossos avós leram no jornal:

126 A notícia como fábula

> O embarque do 24º de infantaria, que se realizou hontem, ás 5 horas da tarde, deixou bem claro quanto comprehende o publico a gravidade da situação, que só poderá ser gloriosamente resolvida pelo denodo do nosso exercito, quando se tracta de levantar bem alto o prestigio da Republica.
>
> De mistura com o povo, que o aclamava sem cessar, marchou garbosamente, de cabeça erguida, alegre e contente, sopitando no fundo do coração maguas e saudades, o nosso brioso 24º de infantaria.
>
> Foram leval-o ao ponto de partida amigos, companheiros, officiaes, de exercito, de policia e do corpo de bombeiros.
>
> Damos adiante os pormenores da partida desse corpo de valentes que vão affrontar a jagunçada audaciosa e fanatisada de Antonio Conselheiro.

É assim que *A Gazeta de Notícias*, do Rio de Janeiro, noticiou o embarque das tropas federais para a Bahia, em matéria reproduzida na capa de *O Estado de S. Paulo* na edição de 17/6/1897. Algo dessa linguagem ornamentada, laudatória, atravessa quase todo o século XX e aflora na narração de Fiori Gigliotti no momento em que ele vê os guarda-chuvas se abrindo no Estádio do Pacaembu. No caso dele, porém, sabemos que "lágrimas da natureza" é uma metáfora para a chuva e "aquele que está nas alturas" é um epíteto de Deus. O problema é que "os gastos do governo com o pagamento do seguro-desemprego", citados como referência para alguém que não tem outras, como um turista acidental nas páginas de economia, também podem ser algo diferente daquilo que parecem. O jornal não explica. Talvez, o jornal nem saiba.

Vamos pensar um pouco. O que isso tem a ver com a vida real? Gastos do governo nos mesmos trimestres de anos subsequentes (por mais relevantes e reveladores que possam parecer na cabeça dos economistas) guardam entre si uma relação tão frágil e arbitrária quanto a chuva e a existência de Deus.

Procuramos assim estabelecer outro fator de fabulação. É o binômio formado pelo discurso barroco e sua netinha predileta, a *objetividade rasa*. Parecem opostos, mas têm em comum a vocação de produzir situações ficcionais, com base em uma *linguagem rendida a uma lógica externa*, que não reproduz o mundo tal e qual ele se apresenta aos nossos sentidos.

NARIZ DE CERA

A EXPRESSÃO É PRÓPRIA de jornalistas, mas está no dicionário à disposição de todos. *Nariz de cera* é o nome que se usa ou se usava nas redações, no *tempo das laudas de papel*, para identificar a parte introdutória de um texto que pouco ou nada acrescenta ao assunto ali tratado. O introito descartável, portanto. Era quase anedótica a cena do editor que devolvia o texto ao jornalista novato, cognominado *foca*, com o seguinte comentário: "Parabéns. A matéria está ótima, só que começa na lauda 3". E havia também chefes que, por princípio, nem se davam o trabalho de ler as duas primeiras laudas recebidas das mãos inseguras de um neófito, dobrando-as em aviõezinhos que partiam direto para o cesto do lixo.

Com todas as facilidades que hoje a tecla *delete* do computador oferece ao editor, que já não precisa da caneta esferográfica para rabiscar laudas, o fato é que o nariz de cera permanece como uma doença endêmica no mundo da escrita. Está mais controlada, é verdade. Mas basta folhear jornais antigos e encontramos exemplos abundantes.

Tomemos o *Diário da Noite*, de São Paulo, de 10/8/1963. Na p. 2 do primeiro caderno, deparamos com o seguinte título: "Repercute no exterior a luta dos Diários contra Brizola". E aí vem a matéria:

128 A notícia como fábula

> *Não apenas em todo o território nacional, também em alguns países do exterior tem repercutido a luta travada pelos Diários Associados contra a campanha subversiva conduzida pelo deputado Leonel Brizola.* Numa de suas últimas edições, a revista norte-americana *Time*, de grande circulação internacional, publicou um artigo intitulado *Brizola under attack* (Brizola sob ataque) que diz o seguinte: "O mais barulhento esquerdista da América Latina, ao sul de Cuba, é o brasileiro Leonel Brizola, embaraçoso cunhado do presidente João Goulart e deputado federal pelo Estado da Guanabara. Na televisão e diante das multidões, Brizola vitupera contra os homens de negócios estrangeiros no Brasil, grita pela expropriação de suas propriedades, exige amizade com Fidel Castro e denuncia tudo o que seja *yankee* [...]". (grifo do autor)

O jornalismo do interior costumava ser ainda mais profuso e eloquente. O cotidiano *Rio Grande*, publicado na cidade homônima, em 4/7/1964, anuncia na primeira página um feito municipal. O texto começa assim:

> *Quando quiserem alardear que Rio Grande está em decadência, defrontando-se com problemas insolúveis, à beira da bancarrota, atentem os pessimistas daqui e d'alhures para os dados indiscutíveis da arrecadação procedida pela União, Estado e Município. Principalmente pela União, que daqui leva a maior parcela, notadamente no que diz respeito ao Imposto de Renda.* No momento, de acôrdo com os dados coligidos pelo Serviço de Contrôle e Estatística, da Seção de Contrôle do Lançamento da Arrecadação do Imposto de Renda, Rio Grande encabeça, em todo o Brasil, as repartições arrecadadoras que obtiveram maior índice de crescimento, nos quatro primeiros meses do ano. [...](grifo do autor)

Engana-se quem achar, com base nesses exemplos longínquos, que o nariz de cera é apenas um traço característico do jornalismo provinciano ou passadista. Ele ressurge na chamada Grande Imprensa, sobretudo em momentos de comoção popular. A revista *Veja*, em 17/3/2004, começa assim sua matéria de capa sobre o os atentados terroristas em Madri:

> *Onze de março de 2004 terá na memória dos espanhóis o mesmo peso que o 11 de setembro de 2001 tem para os americanos — o dia da infâmia terrorista.* A série de bombas que matou 200 pessoas e deixou quase 1500 feridos em quatro trens metropolitanos de Madri, na quinta-feira passada, foi a maior carnificina numa grande capital européia desde a II Guerra. O crime *monstruoso, perpetrado contra vítimas inocentes a caminho do trabalho,* deixou uma dúvida: o autor. Inicialmente, o governo espanhol acusou o grupo separatista ETA, que já matou mais de 800 pessoas nos últimos 35 anos. [...] (grifo do autor)

Se relermos os três textos anteriores sem as partes ressaltadas em itálico, veremos que eles se sustentam muito bem, talvez com ganho de clareza. Sem elas, a matéria nos deixa à vontade para pensar o que quisermos sobre o assunto exposto, com base nos fatos, que falam por si. Como leitores, podemos prescindir da ânsia do redator em nos indicar o caminho que devemos trilhar.

O nariz de cera, situado nas bordas dos bosques da ficção, é uma zona pantanosa para o leitor. Justamente por ser *de cera,* isto é, sem grande consistência, absorve com facilidade as incrustações ideológicas e veleidades literárias do autor. Mas a *eloquência,* por outro lado, o faz parecer sincero ou *sem cera,* se buscarmos a etimologia dessa palavra. Forma-se nessa zona uma espécie de *encharcamento dramático,* feito de substâncias diferentes daquelas existentes no lide clássico, que é uma súmula de informações, mas que também sinaliza o ângulo e os limites em que o redator vai expor o seu tema.

Comum nos jornais diários de décadas atrás, como mostram os dois primeiros exemplos, o nariz de cera foi sendo reduzido e relegado às *zonas frias* das publicações diárias, ou seja, aquelas que tratam de assuntos menos imediatos ou urgentes. Sua carga interpretativa, nos jornais, foi deslocada para o espaço dos editorialistas e colunistas, dos quais o leitor espera comentários, reflexões mais amplas, especulações. No entanto, o nariz de cera sobrevive praticamente incólume em revistas semanais e mensais. Nesses veículos, é até prezado como a cereja do bolo, um sinal de superioridade sobre o texto seco e objetivo da imprensa diária. Apesar de sua carga interpretativa, o nariz de cera não pode ser considerado um fator de fabulação, e sim um local propício à sua ocorrência, como também sucede com a *reiteração*, que veremos a seguir.

O PODER DA REPETIÇÃO

QUANDO EU ERA JOVEM, e por descuido não levava no bolso a carteira de estudante, lançava mão de um pequeno truque para entrar no cinema sem ter de desembolsar o valor inteiro do ingresso. Antes de me dirigir à bilheteria, pedia a opinião pessoal do porteiro sobre se o filme merecia o dinheiro que eu talvez me dispusesse a pagar para vê-lo. Após a resposta, sempre encorajadora, eu me dava por convencido: "Bom, vou confiar em você", brincava. "Mas não vá me decepcionar." Essa breve conversa servia para que o porteiro fizesse um primeiro reconhecimento do meu rosto. Ele não me pediria para mostrar o documento quando eu voltasse da bilheteria trazendo na mão minha meia--entrada. Embora poucos minutos houvessem passado desde o primeiro encontro, de certa forma já éramos velhos amigos.

O truque sempre funcionou, tanto no Sul quanto em São Paulo. E me dei conta de que funcionava porque seu princípio ativo era universal: o da repetição. As pessoas gostam, sentem--se seguras ao rever o passado, mesmo numa escala de minutos. Na segunda vez em que eu me apresentava na catraca do cinema, até um porteiro mal-humorado já se mostrava mais receptivo. Baixava a guarda porque não me via mais como um desconhecido, ao contrário dos demais. Às vezes até abria um sorriso: "Vai firme que o filme é bom".

Hoje eu não diria que me orgulho desse truque juvenil — embora não se tratasse de impostura, mas de solução de emergência, quando eu não podia provar que era estudante —, mas digo que foi assim que descobri o poder persuasivo da repetição. Um recurso semelhante é de uso comum pelos jornalistas para facilitar o encaixe da declaração de um entrevistado e, desse modo, dar uma impressão de maior consistência à matéria. No rádio e na TV, quando não se trata de matérias ao vivo, mas previamente editadas, vemos com frequência as falas de personagens serem precedidas por um enunciado na voz do próprio jornalista, que prepara o terreno para o que virá em seguida. Se o jornalista é hábil, experiente, suas palavras não coincidem *ipsis litteris* com as da pessoa entrevistada, mas sintetizam o que ela dirá. Na repetição, o ouvinte ou telespectador, como o porteiro do cinema, também baixa a guarda. Aceita aquilo que vê confirmado como sendo verdadeiro. Já se mostra familiarizado com a ideia, porque o seu senso crítico está amortecido.

As duas frases, no fim do último parágrafo, também têm esse caráter tautológico, de *repetição disfarçada*, e isso eleva seu grau de confiabilidade perante o leitor. Concluímos então que também na linguagem escrita, como no rádio e na TV, esse recurso pode ser usado com sucesso.

A REITERAÇÃO NO JORNAL

VEJAMOS COMO A REITERAÇÃO aparece na edição da *Folha de S.Paulo* de 2/5/2004. Numa matéria sobre comércio mundial, na p. B11 do caderno Dinheiro, o terceiro parágrafo é escrito assim:

132 A notícia como fábula

> Na avaliação de Otteman [diretor de Política e Comércio Internacional da Associação Nacional de Manufatureiros dos Estados Unidos], o maior acesso ao mercado dos EUA ampliará os investimentos no Brasil: "A combinação de regras de investimento fortes e um acesso ao mercado de toda a América, incluindo o principal mercado que é os EUA, seria um fator fundamental para o Brasil atrair mais investimentos estrangeiros".

Já na p. C 13 do caderno Cotidiano, temos uma matéria de saúde que trata do estímulo à memória na velhice. O quarto parágrafo diz o seguinte:

> Embora haja consenso sobre a eficácia dos jogos e dos exercícios de memória, médicos defendem a necessidade de respeitar as habilidades do idoso na hora de indicar essas atividades. "Para alguns idosos, preencher um diário ou uma agenda, por exemplo, pode ser motivo de angústia. É necessário entender o processo cognitivo de cada idoso para indicar a reabilitação correta", diz a neuropsicóloga Jacqueline Abrisqueta-Gomez.

Nos dois casos, observamos que o redator antecipa a fala do entrevistado; a reiteração "arredonda" o texto. Na segunda vez, temos a sensação de que "já ouvimos isso antes, em algum lugar". Deixamo-nos convencer pelo que é dito, do mesmo modo quando ouvimos diferentes pessoas elogiar o mesmo filme. O artifício funciona não apenas no interior do texto, mas também como forma de reafirmação recíproca entre os diferentes elementos de edição de uma matéria, como títulos, olhos, legendas, boxes etc. No final da década de 1990, a revista *Época*, cujo modelo editorial baseara-se na *Focus* alemã, inovou no Brasil ao adotar como norma a inserção de conteúdo inédito em todos os elementos acessórios da matéria, desde as legendas até os infográficos, enquanto no resto da imprensa continuava a valer a praxe da repetição.

Mas não exageremos nos argumentos. É evidente que a reiteração, por si, não configura um fator de fabulação, até porque pode ser aplicada tanto no jornalismo como na ficção. Mesmo assim merece ser mencionada, por seu largo uso na imprensa, como um fator coadjuvante no processo de ficcionalização da notícia. O efeito é o de aliciamento, ainda que essa palavra não seja das mais dignas para quem atua na comunicação social. Mas deixemos de nove-horas. Mais vale admitir que, quando estamos na condição de leitores, ouvintes ou telespectadores, todos nós temos um pouco da ingenuidade dos porteiros de cinema.

COMPACTAÇÃO TEMPORAL

NAS EDIÇÕES DE MAIO E OUTUBRO de 1966 da revista *Realidade*, que nessa sua primeira fase implantava uma revolução na linguagem do jornalismo brasileiro, encontramos duas formidáveis matérias escritas por José Carlos Marão, que mais tarde seria diretor da *Quatro Rodas*. Na de outubro, "Atenção, está nascendo um líder", o jovem repórter de 25 anos viaja a Goiânia para fazer o perfil do também jovem prefeito Íris Resende, que aos 32 anos despontava no cenário político com estilo próprio e grande popularidade. Na outra, intitulada "Nossa cidade", após passar três semanas em Conceição do Mato Dentro, o jornalista relata os acontecimentos que se desenvolveram ao longo de um sábado muito especial nessa pacata localidade do interior de Minas. Nesse dia, os habitantes locais se mobilizavam para um evento que só nos será revelado ao final do texto. São duas matérias autorais e, além disso, atemporais: ainda hoje podemos lê-las com prazer e expectativa, como se houvessem sido escritas ontem.

134   A notícia como fábula

Nos dois casos, Marão vale-se de um artifício narrativo que não era incomum, naquela época, nas antológicas reportagens de *Realidade*. Buscava-se captar aspectos representativos da vida nacional pela imersão do repórter num cotidiano determinado, apresentado depois ao leitor em tom de naturalidade, como se os fatos houvessem ocorrido naquela ordem e dentro de uma curta jornada de um dia ou dois. Mais de quatro décadas mais tarde, o próprio Marão, no livro *Realidade re-vista* (2010), coletânea de matérias que selecionou e publicou em parceria com o antigo colega José Hamilton Ribeiro, esclarece (p. 69) sobre a matéria em Goiânia:

> O texto — com as liberdades jornalísticas que usávamos — foi montado no estilo "um dia na vida do prefeito". Na verdade reuniu fatos que tinham acontecido em dias diferentes como se fosse em um dia apenas.

E faz a mesma observação (p. 91) com respeito à outra reportagem, em Conceição do Mato Dentro.

Nada temos a opor — antes pelo contrário — a *liberdades jornalísticas* que aumentam o poder expressivo de textos de alta qualidade como os dois citados. Eles seduzem o leitor desde o primeiro parágrafo. Porém, sedução à parte, cabe observar que a compactação temporal a que os acontecimentos são submetidos, em ambas as reportagens, altera seu sentido, constituindo assim um fator de fabulação. Os textos seriam diferentes se o repórter houvesse relatado os fatos na ordem em que os testemunhou. Ou seja, esse dia único, em si, é ficcional. Ou, no mínimo, nos faria pensar duas vezes sobre o próprio título daquela lendária revista: *Realidade*.

Hoje, os *reality shows* hipnotizam os telespectadores. A palavra *realidade*, em inglês, é usada para referendar um modelo de programa em que pessoas comuns, recrutadas e depois confinadas, fazem diante do público aquilo que supostamente fariam na vida privada. Atrás das câmeras, porém, uma equipe de profissionais vinculados à emissora já selecionou os personagens e montou o chamado "espelho" da série, criando conteúdo, prevendo situações e estabelecendo provas a serem propostas. Trata-se de um exaustivo processo que poderíamos chamar de roteirização, como no cinema ou no teatro, não fosse pelo fato de que os diálogos ficam por conta dos personagens. Nesse caso, ao contrário do que ocorre nas duas reportagens citadas, é a descompactação temporal — ou a sensação de "tempo real", como no ritmo da vida diária — que dá um efeito de espontaneidade, como se aquilo tudo fosse ocorrer do mesmo jeito ainda que o programa não existisse. E assim também teria sido em Goiânia ou em Conceição do Mato Dentro, se Marão não tivesse ido até lá a serviço da revista *Realidade*.

Não é o caso aqui de desfraldar sofismas. Tampouco de retomar a trilha dos antigos filósofos gregos que pregavam a inexistência da verdade. Apenas vale lembrar que aquele que atua na mídia não deve ser tomado por um inspetor do mundo real, mas antes como um gerenciador de linguagens. Na verdade, é a própria *realidade* que nos ilude a cada dia. A palavra almeja, em vão, aprisionar algo tão fugaz e controverso quanto a ideia de Deus, em torno da qual nunca se chegou a um bom acordo.

DESLOCAMENTO DE CONTEXTO

A EDIÇÃO NÚMERO 5 (mar. / abr. 2004) da revista V, da Volkswagen, apresenta na p. 10 uma alentada entrevista com o cantor e compositor Erasmo Carlos, intitulada "Eu ainda sou um rebelde".

136   A notícia como fábula

Como o próprio título sugere, trata-se de uma abordagem evocativa e também de atualização de uma figura pública conhecida no meio musical. Nela, o calejado *Tremendão* compara seu modo de viver e de pensar no auge da Jovem Guarda, na década de 1960, com aquele do tempo dos cabelos brancos. Um dos tópicos explorados pelo entrevistador são as mudanças ocorridas na relação de Erasmo com o velho amigo e parceiro Roberto Carlos.

Na p. 17, sobre uma grande foto em preto e branco de Erasmo jogando sinuca, aparece um olho de continuação que diz o seguinte, entre aspas, como uma declaração do entrevistado: "Já comprei ingresso para ir a show de Roberto. Falo com ele só em aniversário e Natal". Colocadas desse modo, em sequência, essas duas frases sugerem quase um esfriamento total entre os dois. Ou seja, Erasmo não teria mais sequer a liberdade de pedir a Roberto um ingresso para o show, coisa que se poderia supor natural entre eles.

Entretanto, quando vemos a página ao lado, a 16, onde corre o texto da entrevista, percebemos que as duas frases justapostas no olho da 17 foram sacadas de perguntas diferentes, que nem sequer aparecem em sequência. Na primeira delas, na coluna da esquerda, o entrevistador pergunta: "Vocês não se falam com frequência?" Erasmo responde: "Não. Só no Natal e em aniversário. Só isso. Conversa que não dura mais que três minutos". Três perguntas depois, já na coluna da direita, o entrevistador pergunta: "Você sai muito de casa? Frequenta festas e bares?" Erasmo responde: "Nada! Eu recebo uns quinhentos convites por semana, mas quase não saio. Quando quero mesmo comparecer a um show, compro ingresso. Fui ver Lulu Santos, Jorge Vercillo. Até mesmo de espetáculo de Roberto Carlos eu já comprei ingresso."

Quando observamos as duas frases em seu contexto, vemos que as afirmações são muito mais suaves do que no olho de continuação. Ou seja, Erasmo não está necessariamente estremecido com Roberto, apenas afastado dele por essas razões difusas que, nas grandes cidades, separam as pessoas que têm agenda cheia. O fato de ele ter uma vez comprado ingresso para o show do parceiro é algo circunstancial, devido mais à sua própria reclusão do que a um constrangimento mútuo.

Temos aí um típico caso em que a ordem dos fatores altera o produto. A justaposição de frases que temos como verdadeiras transmite uma ideia falsa, pelo menos em termos de intensidade. No entanto, quem trabalha no jornalismo sabe que isso é comum na prática diária. O fato de que os elementos justapostos são exatos quando tomados de forma isolada quase eximiria o jornalista da responsabilidade pelo efeito de sentido causado pelo deslocamento.

O leitor, ao contrário do que acontece nessa entrevista, nem sempre está em condições de confrontar passagens do texto e dar-se conta de que houve uma montagem. Tem gente que lê de modo saltitante. Os meios eletrônicos legaram ao jornalismo impresso um *ritual sumário de leitura*, guiado por ícones e outros acessórios de edição, que já não se restringe à sala de espera dos consultórios, mas tornou-se hábito corrente na vida moderna. Além disso, se temos em mente o efeito de sentido criado pelos deslocamentos de informação, devemos considerar que esse artifício da justaposição de elementos díspares, não raro, é usado no texto principal — ficando, por isso, oculto — e não apenas em títulos e olhos de caráter reiterativo, que servem para capturar o interesse do leitor.

Num caso como esse da entrevista de Erasmo Carlos, não há propriamente uma mentira, mas um *envenenamento da verdade*, como se dizia quanto à preparação de motores de carros no tempo da Jovem Guarda. O entrevistado se vê num espelho côncavo. Sequer pode alegar que não disse aquilo. Ele disse. Mas não se lembra bem como, nem em que sequência. Ao ler o texto pronto, sente apenas uma estranheza que ultrapassa o natural *impacto da palavra impressa*. Quando essa sensação inicial se dissolve, ele pode até acreditar que disse mesmo aquilo, do jeito que saiu. Se não ficou com cópia da fita, vale o que está impresso.

UMA FRASE SOLTA

OUTRO EXEMPLO DE deslocamento de contexto ocorreu no futebol gaúcho, no começo da década de 1970. O ex-jogador Dino Sani era então técnico do Sport Club Internacional. Numa fase irregular do time, um repórter lhe perguntou por que o Inter vinha apresentando tantos altos e baixos, "hoje ganha, amanhã perde, depois empata". Dino respondeu com ironia: "Em futebol se ganha, se perde e se empata". O valor da resposta, é claro, não poderia estar no conteúdo, que era banal, mas sim no tom, e sobretudo na presença de espírito do entrevistado ao rechaçar a crítica que julgou embutida na pergunta. Pode-se dizer até que foi uma saída perspicaz, se a entendermos como uma ironia ao próprio mundo do futebol, povoado por frases prontas, raciocínios rasos e a fatualidade restrita a que Edvaldo Lima (1993) se refere.

A crônica esportiva gaúcha não perdoou Dino Sani por essa frase. Omitindo o fato de tratar-se de uma resposta irônica, passou a citá-la como um dito isolado, resultante de uma reflexão autônoma, fora do contexto real de um diálogo talvez provocativo.

Com isso, colocou o técnico na posição de um tolo, de um mero filósofo de botequim que na décima cerveja acha relevante declarar, só para contrariar o *veni, vidi, vici* de Júlio César no Egito, que no futebol "se ganha, se perde e se empata".

Em ambos os casos — o de Erasmo Carlos e o de Dino Sani — temos deslocamentos de contexto que alteram o efeito de sentido de frases que, em sua origem, são reais e exatas. No primeiro caso, por justaposição indevida; no segundo, por omissão de circunstância.

Há sem dúvida muitas outras maneiras de obter efeitos semelhantes, para quem tem habilidade em lidar com as palavras e os recursos de edição. No jornalismo imagético que parece ser a tendência predominante no século XXI, a montagem da matéria é tão decisiva quanto pode ser a organização das cenas numa obra de cinema, como preconizava o diretor russo Serguei Eisenstein nas primeiras décadas do século XX. Se souber tirar partido desses recursos de cortes e deslocamentos, ao editar a matéria, o jornalista faz uma pessoa dizer coisas que nunca diria, com base em coisas que ela de fato disse.

Os mecanismos aqui expostos — retórica, nariz de cera, reiteração, deslocamento de contexto e compactação temporal — constituem fatores coadjuvantes na fabulação. Operando em conjunto, ao longo do tempo, seu efeito se potencializa, passando do plano da linguagem ao substrato cultural de uma época, um jeito de fazer as coisas que é aceito pela maioria. A imprensa atual foi acometida por uma síndrome que poderíamos qualificar como *eloquência vazia*. Não o vazio nobre, budista, que descortina a essência; nem o vazio elegante, da concisão de estilo, que sabe falar nas entrelinhas assim como Tostão sabia jogar sem a bola; e sim um vazio retórico, feérico, farfalhante, como as luzes que decoram as fachadas das casas de jogos.

13

O monopólio da memória

◆

Mayra Rodrigues Gomes (2000, p. 19) enfatiza algo que não devíamos esquecer, mas volta e meia esquecemos, tão óbvio nos parece, como o vinho vem da uva. Damas e cavalheiros, atenção: o jornalismo é feito de palavras! "Assim como lembramos que o poder organizador é um fato de língua, assim também devemos fazê-lo para o jornalismo". Mais adiante (p. 30), ela afirma:

> Tanto a fotografia quanto a entrevista e a citação são recortes, escolhas. Ora, no fundamento do recorte há uma estrutura lacunar: algo está de fora, algo foi excluído, pois trata-se de um viés e sempre de uma descontextualização.

Bem, então vamos aos fatos:

> Dorval recebeu pela direita e tocou para Pelé na entrada da área. Ele deu um chapéu no zagueiro, deu outro chapéu em mais um jogador e, antes de a bola pingar, deu mais um chapéu no goleiro, cabeceando para o gol vazio.

É assim que Lima, meio-campista do Juventus em 1959 (logo iria para o Santos), recorda o gol que Pelé considera o mais bonito de sua carreira. Foi o último da goleada de 4 a 0 que o time da Vila aplicou, em campo encharcado, sobre o simpático time grená da Rua Javari, na Mooca, em São Paulo, em 2 de agosto daquele ano. O relato de Lima aparece no jornal *O Estado de S. Paulo* de 14/4/2002.

Já Clóvis, capitão do Juventus naquela tarde, apelidado de "Professor", recorda o mesmo lance desta forma:

> Dorval cruzou da direita, pelo alto. Pelé deu um leve toque e encobriu Homero. O nosso lateral, Julinho, saiu na cobertura mas também foi encoberto. Eu acompanhava a jogada e tentei me antecipar. Mas Pelé, mais ágil, me encobriu e a bola caiu numa poça d'água. O goleiro Mão-de-Onça saiu desesperado para fechar o ângulo e saltou em cima da bola. Mas Pelé deu um toque por baixo da bola, tirando-a da poça e o encobriu. Nessa subida da bola, Pelé saiu livre da marcação e deu dois toques de cabeça antes de fazer o gol.

Nesse dia de 1959, um garoto assistia a essa mesma partida junto ao tio, atrás do gol defendido por Mão-de-Onça. Quase meio século mais tarde, o filósofo e professor Taunay Magalhães Daniel recorda o lance:

> Eu devia ter entre 11 e 13 anos. Estávamos atrás do gol do Juventus. A arquibancada era grudada no campo, devia haver ali só uns 2 ou 3 metros de distância. A certa altura, vimos Pelé driblar o goleiro e perder um gol feito, que ninguém perderia. Um torcedor ao nosso lado gritou para provocá-lo: "Aí, panaca! Isso é coisa de negro!" Pelé ouviu mas não retrucou. Pouco depois, entrou na área de novo, deu um chapéu no beque (como havia feito na final da copa contra a Suécia, no ano anterior), conduziu a bola com a cabeça, rolou no peito e, antes de chutar, gritou para o cara que o havia xingado: "Esse aqui é pra você, ó!" E então fez o gol.

Nos exemplos anteriores, baseados em um único fato, as diferenças se devem não apenas *ao ângulo de observação* (dentro e fora do campo), mas também ao lapso de tempo que, na mesma medida, separa os três depoimentos da cena testemunhada no campo. Pelos critérios convencionais, os depoimentos dos ex-jogadores do Juventus teriam preferência. Afinal de contas, eles também participavam do evento, como Pelé; não havia um alambrado separando-os da cena, como ocorre com os espectadores. No entanto, o *senso de observação* de um menino, além da casualidade de estar ao lado do homem que xingou Pelé, e recebeu o troco, faz toda a diferença. Sem o grito de provocação, ou sem o menino que atentou para isso, esse episódio se resumiria a mais um belo gol do craque do Santos, entre dezenas de outros assinalados naquele ano de 1959, no qual foi artilheiro do campeonato paulista. Porém com esse detalhe, digamos, "interativo" entre o jogador e o torcedor, temos aí uma cena antológica.

Convertido em palavras, esse gol se transforma em muitos gols. Afinal, qual deles é o que vale? "[...] não se trata da verdade, ou maior aproximação da verdade, em um ou outro discurso", acentua Mayra. "Está em questão a *produção da verdade*, porque vivida como tal, a *cada* discurso. [...] (GOMES, 2002, p. 30). E se fôssemos hoje falar com sexagenários da Mooca, batendo de porta em porta, poderíamos também nós chegar à marca de 1281 (o total de gols de Pelé em toda a carreira) versões do mesmo fato, com base nas recordações que se confundem, depois se fundem, nas conversas que rolam ao longo do tempo no interior de uma comunidade.

"Como a palavra sabe atravessar o tempo! Ela própria é um acontecimento que se interliga aos acontecimentos!", reflete o

A notícia como fábula

escritor italiano Italo Svevo (2003, p. 303). O fluxo entre discurso e referente, incessante, acumula matéria-prima com o passar dos anos. "Tudo é basicamente ir e vir", afirma Alan Watts (2002, p. 40) no ensaio *A mitologia do hinduísmo*. E prossegue:

> Quando você olha com uma lente de aumento, descobre que as coisas sólidas são cheias de buracos. Do mesmo modo, quando você aumenta o som, descobre que ele é cheio de silêncios. Som é som-silêncio. Não existe algo como o som puro, assim como não existe alguma coisa pura — ela sempre está acompanhada de outra coisa. As coisas sólidas sempre são encontradas em espaços, e a falta de espaço só é encontrada onde existem coisas sólidas. Você pode imaginar a existência de um espaço sem nenhuma coisa sólida, mas nunca irá encontrá-lo, porque você estaria lá na forma de uma coisa sólida para descobrir a respeito dele.

Basta pegarmos a lente de aumento de Watts e a colocarmos sobre esse gol de Pelé, hoje feito de palavras. Veremos o interior da usina onde se dá a *produção da verdade* a que Mayra se refere. E ali, bem nítidos como num queijo suíço, os *buracos entre acontecimentos* a serem preenchidos pela imaginação do narrador.

Leon Tolstoi (2002, p. 1314) escreveu um esplêndido ensaio, no âmbito da história, sobre o que Mayra chama de produção da verdade. O autor russo diz o seguinte:

> Não cabe dúvida de que existe uma conexão entre as pessoas que vivem na mesma época e, por isso, não é impossível encontrar um nexo entre a atividade intelectual dos homens e o movimento da humanidade e o comércio, a indústria, a jardinagem ou o que se desejar. Mas como chegaram os historiadores da civilização a conceber a atividade intelectual como causa ou expressão de todo o movimento histórico? Eis o que é difícil compreender. Só as considerações seguintes podiam levar os historiadores a tais conclusões: 1) O fato de serem pensadores os homens que escrevem a história e, por conseguinte, de lhes ser natural e agradável pensar que o seu gênero de atividade

> constitua a base do movimento de toda a humanidade, assim como seria agradável e natural aos negociantes, agricultores e soldados pensar a mesma coisa (o que deixa de suceder apenas porque os negociantes e soldados não escrevem tratados de história); 2) O fato de a atividade intelectual, a instrução, a civilização, o pensamento serem concepções vagas, indefinidas, a cuja sombra se podem facilmente arquitetar frases de sentido ainda mais obscuro e que, por isso, se encaixam sem dificuldade em qualquer teoria.

Essa pensata oitocentista de Tolstoi, que mira os grandes movimentos da história, como as campanhas napoleônicas, pode ser aplicada também à escala minimalista em que trabalha o jornalista, se pensamos nele como historiador do cotidiano. Claro, ele não produz os fatos que irá reportar, ao contrário do que eu fazia aos nove anos em meus jogos de botões, mas detém o poder, nada desprezível, de preencher os buracos e conectar os acontecimentos.

Alguém poderia escrever hoje num jornal, por exemplo, que o mais belo gol de Pelé nasceu de um xingamento racista a respeito de outro, imperdível, que ele perdeu e nenhum perna-de-pau perderia. Quem iria desmentir o jornalista que escrevesse algo assim, se ele tivesse em mãos um depoimento confiável e verossímil? A história está cheia de conexões desse tipo. O jornalismo também.

Pensemos um pouco nas palavras de Tolstoi. Temos aqui um outro fator de fabulação, ao qual chamaremos *monopólio da memória* por parte de quem atua na mídia. Esse processo, vale frisar, mistura dados objetivos com sentimentos sobre um fato ou uma época vivida ou apenas imaginada.

"A memória coletiva envolve as memórias individuais, mas não se confunde com elas", afirma Maria Lourdes Motter (2001, p. 42). E explica:

146　A notícia como fábula

Ela [a memória coletiva] evolui segundo suas leis, e se algumas lembranças individuais penetram algumas vezes nela, mudam de figura assim que passam a integrar um conjunto que não é mais uma consciência pessoal. A memória pessoal nunca se encontra isolada, fechada. Tem, com frequência, que recorrer às lembranças dos outros. Ela se reporta a pontos de referência que existem fora dela, fixados pela sociedade. O funcionamento da memória individual não é possível sem as palavras e as ideias, que o indivíduo toma de seu meio.

DELÍRIO PSICODÉLICO

O RÁDIO ESTÁ sintonizado na Cultura FM de São Paulo, no meio da manhã de 23/1/2004. Lá está a voz cativante do maestro Júlio Medaglia, em seu programa *Contraponto — Idéias e debates*, entrevistando um citarista brasileiro. Começam a falar sobre a década de 1960, que o entrevistador viveu intensamente. Já o entrevistado, mais jovem, só a conhece de ouvir falar e de ler sobre a vida dos músicos que admira. A certa altura, Medaglia permite-se um arroubo saudosista e refere-se aos anos 1960 como um *maravilhoso delírio psicodélico*. Fica no ar alguma coisa assim: quem viveu aquilo, ótimo, mas acabou; sinto muito por quem veio depois.

Contraponto. Essa palavra é um *cappuccino*, quase irrecusável. É o que vivemos fazendo, dia e noite: contrapontos e comparações. Parece que nisso está nosso vício e nossa salvação, como herdeiros daqueles antigos gregos de sandálias que nos ensinaram a pensar.

Medaglia, homem na meia-idade, diante de um jovem, compara o tempo atual (marcado por esses compromissos miúdos do dia a dia que nos arrastam para o nada) com os anos em que ele próprio era jovem. Mas tudo mudou. Aceitamos de bom grado aquilo que Heráclito disse há 26 séculos, a conhecida

O monopólio da memória   147

metáfora segundo a qual nunca nos banhamos duas vezes no mesmo rio. Mas teríamos de acrescentar que, ainda que as águas do rio estivessem imóveis, como as do Tietê, conforme as víamos pela janelas da Editora Abril, elas não receberiam duas vezes o mesmo banhista. Nossas células se renovam a cada dia, da cabeça aos pés, e ainda mais mutáveis são nossas sensações e pensamentos. O homem do delírio psicodélico não é mais o Medaglia da Cultura FM, mas um outro que nos acena da década de 1960, reverenciada pelos jovens de hoje.

"Década parece gente: cada uma tem uma personalidade." Assim começa o artigo de Ricardo A. Setti, publicado em *O Estado de S. Paulo*, em 15/8/1991, quando ele ocupava o cargo de editor-chefe desse jornal. O texto é uma panorâmica do século XX, com base numa comparação entre suas décadas mais significativas, tentando transmitir o espírito de cada época. Claro, Setti não viveu os *"roaring twenties*, os loucos anos 20 das melindrosas, do *charleston* e da Geração Perdida". Provavelmente leu a respeito, ouviu pessoas, viu filmes, assim como o jovem citarista entrevistado por Medaglia informou-se sobre os anos 1960. Em seu artigo, dedica um parágrafo ao lado sinistro dessa época, cheia de golpes e ditaduras pelo mundo todo, inclusive no Brasil. Depois faz o contraponto:

> Na memória coletiva, porém, o que ficou, indelével, foi outro tipo de traço, diferente dos aplicados aos contornos de qualquer outra década do século: os anos de mudança, de rebelião, de inconformismo — os direitos civis nos Estados Unidos, a descolonização na África, os protestos contra a guerra no Vietnã, o sexo e os costumes postos de ponta-cabeça, na esteira da explosão da música *pop*. Foram os anos dos Beatles e de Che Guevara, de Maio de 1968 e de Mary Quant, do *flower power* e do homem na Lua, da rebelião libertária na Checoslováquia, de Woodstock e do livrinho vermelho de pensamentos do presidente Mao.

Setti (1991) cita fatos históricos, comprovados, todos eles situados na agenda do mundo durante a década de 1960. Suas referências têm mais concretude do que o *maravilhoso delírio psicodélico* referido de passagem — mas com forte carga emotiva — por Júlio Medaglia. O jornalista faz uma reflexão. O maestro dá uma pincelada romântica. Mas não importa. Nos dois casos os anos 1960 ganham tons de um paraíso perdido. Vivemos mesmo tudo aquilo, ou só agora, de modo retrospectivo, nos damos conta de que havia um palco e uma história sendo representada sobre ele? Voltemos a Maria Lourdes Motter (2001, p. 42): "A memória pessoal nunca se encontra isolada, fechada. Tem, com frequência, que recorrer às lembranças dos outros".

Aqui está o ponto. Até onde nossas lembranças são as lembranças dos outros? Os anos 1960 foram os anos da libertação, não se discute; paradoxalmente, agora são quase um monumento de bronze nas referências coletivas. Já não temos liberdade para pensar neles sem *medir forças com o clichê*.

Esse *clichê* também é, a seu modo, um fator de fabulação. Talvez o mais camuflado de todos. Combina duas substâncias poderosas: as referências gerais e nossas lembranças pessoais da juventude, carregadas de afetos e expectativas. Por mais adversas que tenham sido as condições de vida e as provações pelas quais passamos, na maioridade e na primeira fase da vida adulta, sempre haverá para banhá-las uma luz de prata, que era nossa vitalidade. "O primeiro encontro nunca se repete", assinalou Millôr Fernandes em uma de suas tiradas geniais. Do mesmo modo, na juventude, todos experimentamos a sensação irrepetível de que o mundo estava por fazer, todos os caminhos podiam ser trilhados.

A INFLUÊNCIA DAS LEMBRANÇAS

A QUESTÃO É SABER quanto essa sensação da vida passada e as lembranças dos outros hoje determinam nosso modo de relembrar uma época que de fato vivemos, é certo, porém com outra disposição de espírito. Basta pensar, por exemplo, nos diferentes recortes que aplicamos nos eventos da nossa vida presente, com base em nossos estados de saúde e de humor. Essas variações se diluem, mesmo no plano coletivo, quando falamos de um tempo que ficou para trás, dotando nossa escritura de um rigor ilusório.

No início de seu artigo, Setti (1991) admite: "É claro que são relativas as generalizações sobre que rótulos devem ser aplicados a elas [décadas]". E mais adiante: "Mas não dá para evitar a constatação de que é adequado o rótulo segundo o qual os anos 70 configuraram a 'década da ressaca'". Ele diz bem: *não dá para evitar*. Não dá para evitar a fabulação quando se escreve sobre marcas de um passado que todos celebram.

"Tão certo quanto o fato de que as erupções vulcânicas alteram as paisagens, depois de Van Gogh a arte não foi mais a mesma", lê-se na p. 30 do suplemento Sinapse, da *Folha de S.Paulo*, em 25/3/2003. Um jornalista do futuro poderá escrever: "Assim como a arte não foi mais a mesma depois de Van Gogh, a paisagem do futebol mudou para sempre depois daquele gol de Pelé contra o Juventus".

Ah, como nos agrada ler coisas assim! Gostamos das rupturas quando podemos contemplá-las de modo retrospectivo, no conforto de casa. Gostamos de rupturas, de contrapontos. Faz parte da nossa *mitologia pessoal*, ou da nossa missão profissional, hoje, contar aos mais jovens os estranhos acontecimentos que vivemos no tempo das laudas de papel. Talvez justamente agora, meio século depois, nosso poder de fabulação venha a tornar esses acontecimentos o que nunca tenham sido para aqueles que os testemunharam. As coisas vividas ganham sabor especial quando se desconectam do fluxo geral da vida, conforme atestam os versos do poeta sevilhano António Machado (2001, p. 38):

Caminhante, o caminho são teus rastros
e nada mais
Caminhante, não há caminho
Faz-se o caminho ao andar
Ao andar faz-se o caminho
E ao olhar-se para trás
Vê-se a senda em que jamais se voltará a pisar
Caminhante, não há caminho
Somente sulcos no mar.

14

Ora (direis), ouvir estrelas!

◆

"O ser humano carrega dentro de si a herança imaginativa primordial que o faz procurar a harmonia possível", afirma Ana Taís Martins Portanova Barros (1998, p. 169).

> A imaginação cria fantasmas na noite, mas também acende a luz para dissipá-los. Pesquisas já comprovaram que a morte é a idéia mais constantemente afastada da mente humana. Se é afastada, o que toma seu lugar? Imagens da vida.

Essa reflexão de Ana Taís deixa bem claro quanto a imaginação participa dos labores humanos. Ela sempre comparece, ainda que não seja convidada. É o mesmo que dizer: fabulamos o tempo inteiro, às vezes sozinhos, outras vezes em parceria — e neste último caso, quando há um amplo consenso, dá-se o nome de realidade. No primeiro caso, dependendo do grau de dissonância com essa realidade consensual, o fabulador pode acabar internado numa instituição psiquiátrica.

Mas evitemos os casos extremos. Não estamos aqui para defender posições niilistas ou comodistas em que se pudesse dizer: "Já que a verdade não existe, viva a mentira!" Ou então: "Vamos todos apagar as luzes do castelo e partir para os bosques da ficção!"

Não se trata disso. Até porque, se disséssemos que a verdade não existe, também essa assertiva ficaria sujeita às oscilações do mundo das ideias e deveria ser relativizada. O que nos interessa aqui é compreender melhor a *função mágica da escrita*. E com isso, talvez, descobrir por que ela perdura nas civilizações, como instrumento da memória, se o que se pode escrever está longe de ser, de fato, a coisa que merece ser lembrada, mas um simulacro, e a tinta impressa no papel nunca terá o cheiro do sangue sobre a terra.

Em milênios de navegação, o homem aprendeu a ver figuras estranhas no céu, sugeridas pela disposição irregular de pontos luminosos sobre esse fundo negro e atemporal. Tais imagens se entranharam em nossa cultura, mas sabemos que são arbitrárias. Provavelmente não veríamos um Cruzeiro do Sul se não pertencêssemos à civilização cristã. Da mesma forma, um muçulmano pode enxergar o contorno de uma lua crescente num agrupamento de estrelas que para nós nada significa. O limite entre realidade e ficção depende de quem somos.

Imaginemos os fatos que ocorrem no dia a dia como se fossem estrelas no céu: reais, luminosas, porém desconectadas e dispostas numa formação errática. O ficcionista tem um *insight*: ali está um leão, um carneiro etc. O jornalista tem um método: vai numerando os pontos, ligando-os por linhas, como nas revistas de passatempo. São apenas sinapses, nada mais. No frigir dos ovos, não há nada escrito no céu. Ele é apenas um

Ora (direis), ouvir estrelas! 153

carrossel que gira, repete padrões anteriores, e não necessariamente o monitor de um enorme computador, dotado de um sistema, um código e um propósito de emitir mensagens. No entanto, dessas desvairadas sinapses nasce outra figura, diferente do leão ou do carneiro, e outra, mais outra, e o jogo começa a ficar interessante a ponto de ser compartilhado por todos. É a notícia.

A notícia pode conter fatos reais, como as estrelas do céu, mas articulados conforme um padrão narrativo cujo critério não é menos ficcional do que a linguagem literária. O castelo iluminado do jornalismo está cercado pelos bosques da ficção; e seus habitantes (embora usem crachás) vieram todos de lá, da escuridão, em tempos muito antigos.

Investigamos aqui alguns mecanismos por meio dos quais os campos do jornalismo e da ficção interagem o tempo inteiro. O ato de escrever, por si só, seja qual for o gênero do texto, já implica certo grau de fabulação, uma vez que *o ser humano carrega dentro de si a herança imaginativa primordial*, se voltarmos à frase de Ana Taís.

Na história da literatura, o sincretismo entre fatos reais e imaginados vem de longa data. Está presente em numerosas obras-primas. É o caso, por exemplo, do grande poema épico atribuído a Homero, a *Ilíada*, que relata a Guerra de Troia, que ninguém sabe se existiu mesmo; de *A história de Genji*, da baronesa Murasaki Shikibu, cortesã em Quioto, considerada a primeira romancista do mundo, ao escrever sobre eventos ocorridos na corte japonesa por volta do ano 1000; do *Livro das maravilhas*, de Marco Polo, povoado por seres fantásticos e eventos inverossímeis; e do caudaloso *Guerra e paz*, de Leon Tolstoi, ambientado na Rússia à época da invasão napoleônica,

154 A notícia como fábula

que apresenta uma longa narrativa romanesca seguida de uma reflexão sobre a História. Em todas essas obras, observamos um forte entrelaçamento entre elementos ficcionais e históricos, a ponto de já nem sabermos em que águas estamos navegando.

No presente ensaio, buscou-se estabelecer uma contrapartida dessas obras literárias no campo jornalístico. Alguém poderá observar que uma escala de fabulação, concebida para aferir o teor ficcional de um texto, já seria, ela própria, um elemento de ficção. Bem, nem tanto. Claro que nossa escala provavelmente nunca terá a precisão logarítmica daquela concebida por Charles Richter, na década de 1930, para medir eventos sísmicos. Porém, como tratamos com palavras, podemos prescindir dos números. Basta-nos uma ordem de grandeza. Se soubermos reconhecer quantos e quais são os fatores de fabulação presentes em um determinado texto, podemos situar sua posição aproximada no universo da escrita.

Os fatores de fabulação aqui apresentados servem como chave para entender como se dá, na prática, o fenômeno da ficcionalização de um fato. Arrolamos alguns. Por certo existirão outros. Aos poucos eles se apresentam diante de nossos olhos, quando nos consagramos ao ofício da escrita.

Nesta reflexão sobre a escrita, fizemos questão de levar em conta alguns fenômenos psicológicos que os poetas nos revelam. Vimos que a arte do estranhamento (Brodsky), de parte do autor, e a suspensão voluntária da descrença (Coleridge), de parte do leitor, podem criar um campo favorável à fabulação. No âmbito da imprensa, buscamos outros fatores de fabulação: a confirmação da aliança social (Mayra), a fatualidade restrita (Lima), a periodicidade, as referências coletivas, a ideologia, o controle da

Ora (direis), ouvir estrelas! 155

informação, os equívocos cristalizados, a compactação temporal, o monopólio da memória, o espírito corporativo e a imitação do concorrente são condições que atuam na mesma direção. Ou seja, fazem o redator, como um sonâmbulo, abandonar o castelo iluminado e internar-se nos bosques da ficção.

Além disso, rastreamos alguns artifícios que dizem respeito diretamente ao manejo das frases e palavras: omissão, repetição, recorte, deslocamento de contexto, falseamento de autoria, envenenamento da verdade, nariz de cera e outros mecanismos usuais no dia a dia das redações. Tudo isso ocorre sob um enorme guarda-chuva: a convenção da veracidade, protocolo instável, cujos termos variam de uma época para outra, como tudo o que envolve crenças e percepções humanas. Os antigos romanos, por exemplo, tinham uma noção diferente da atual quanto ao limite entre as cores azul e verde, que dependem de vibrações externas. Numa questão menos objetiva, como a fronteira entre o real e o imaginário, é lícito supor que outros povos usassem parâmetros diferentes dos nossos. Hoje, a obsessão da mídia é a de botar o preto no branco, a torto e a direito. Mas a mídia, *mutatis mutandis*, é a mitologia da nossa época.

O propósito deste ensaio não é, nem poderia ser, o de desqualificar os meios de comunicação. A imprensa é, em grande parte, responsável pela construção do ambiente de liberdade que nos permite, inclusive, criticá-la. Nenhuma outra instância social, provavelmente, trabalha com um sistema tão aberto. Ainda assim, é um sistema. Sempre colocará seus interesses acima dos nossos. Portanto, no século XXI, já não faz sentido devotar à imprensa o olhar crédulo de que ela tanto se beneficiou no século XX, quando propalava as lendas da objetividade e da imparcialidade.

Os pressupostos do jornalismo estão em xeque, o que é saudável e promissor. Viramos a página. A ideia de que tudo o que é demonstrável é necessariamente confiável pertence ao passado. Quando nos habituamos a encarar os fatos concretos como verdades provisórias, aceitamos de bom grado que realidade e ficção pertencem a mundos transitivos, permeáveis, porosos, que trocam figurinhas o tempo inteiro. A escrita não poderia ser diferente de nós, que oscilamos entre a memória e a fantasia.

■

15

Serendipities

♦

"Todo mundo procura e eu encontro." Essa frase, atribuída a Picasso, à primeira vista parece levar a arrogância aos cumes do Himalaia. Alguém se coloca num plano tão superior aos mortais comuns que sequer precisa dar-se ao trabalho de procurar. Ora, para que procurar? As coisas simplesmente lhe surgem no caminho num passe de mágica, assim como na mitologia do futebol é costume dizer que "a bola procura o craque".

Mas há um segundo modo de interpretar essa mesma frase. Ela se torna realista, despojada, até humilde, se aceitarmos que seu autor descarta a procura deliberada como algo insano, pretensioso. Ao contrário, pela inação, ele resigna-se ao quinhão de conhecimento que as forças superiores ou o simples acaso acharem por bem lhe conceder. É uma atitude, digamos, passiva, porém não isenta de mérito, pois não é contaminada pelo afã do homem que se vangloria de achar o que deseja como recompensa por ter procurado.

Há uma terceira via, nem ativa nem passiva, sinalizada no princípio taoísta *wei-wu-wei*. No Ocidente, essa expressão às vezes é equivocadamente traduzida por *não ação* ou *passividade*. Na verdade, não se trata de apatia nem de preguiça. *Wei-wu-wei* refere-se a uma atitude atenta, serena e disponível; uma espécie de naturalidade ou leveza que acaba por criar circunstâncias favoráveis ao que se deseja alcançar. Sem tensão, com um mínimo de esforço, a pessoa consegue produzir o resultado no momento certo.

Ao longo de minha atuação nos campos da literatura e do jornalismo, desde o tempo das laudas de papel, as melhores ideias chegaram a mim como lampejos em situações improváveis. Eu não estava exatamente procurando por elas, mas por alguma marca de biscoitos na prateleira do supermercado. Posso até dizer que encontrei as melhores coisas quando nem sabia que precisava delas.

Não temos em português uma palavra tão exata, inspiradora e serpenteante como *serendipity*. Ela me faz pensar em *pequenas serpentes voadoras*, mas ninguém é obrigado a concordar comigo. A palavra foi cunhada por Horace Walpole e incorporada à língua inglesa em meados do século XVIII. *Serendipity* é alguma coisa útil e agradável que encontramos ao acaso, sem procurar, como uma gorjeta da divindade. "De inhapa", dizia-se no Sul, no tempo das galochas.

Não temos a palavra que corresponde a *serendipity*, é verdade, mas sabemos do que se trata. Volta e meia, a vida nos oferece uma surpresa desse tipo. E isso tem mais chance de acontecer quando experimentamos um estado receptivo próximo daquele que os chineses chamam de *wei-wu-wei*.

Essas *pequenas serpentes voadoras* nutriram este ensaio do início ao fim, mais do que algum robusto e sólido método de pesquisa, que nunca tive. As *serendipities* são bem-vindas, mas não me pertencem. Como tampouco me pertencem as nuvens e as borboletas.

COTIA, MAIO DE 2004.

Referências

ASSIS, Joaquim Maria Machado de. *Obras completas*. Rio de Janeiro: W. M. Jackson Inc., 1953. 28 v.

ABRAMO, Claudio Weber. *A regra do jogo*: o jornalismo e a ética de marceneiro. São Paulo: Companhia das Letras, 1997.

ARISTÓTELES. *Poética*. São Paulo: Ars Poetica, 1992.

BARROS, Ana Taís Martins Portanova. *A função mágica no fazer jornalístico (um estudo de caso)*. 1998. Dissertação (Mestrado) — Escola de Comunicações e Artes, Universidade de São Paulo, São Paulo, 1998.

BARROS, Manoel de. *Tratado geral das grandezas do ínfimo*. Rio de Janeiro: Record, 2001.

BARTHES, Roland. *Aula*. São Paulo: Cultrix, 1978.

BEIRÃO, Nirlando (Ed. geral). *America*: depoimentos. São Paulo: Companhia das Letras, 1989.

BUITONI, Dulcília. *Texto-documentário*: espaço e sentidos. 1986. Tese (Livre-docência) — Escola de Comunicações e Artes, Universidade de São Paulo, São Paulo, 1986.

CALVINO, Italo. *Por que ler os clássicos*. São Paulo: Companhia das Letras, 1994.

CANDIDO, Antonio. Dialética da malandragem. *Revista do Instituto de Estudos Brasileiros*, São Paulo, n. 8, 1970.

CAMPBELL, Joseph. *O poder do mito*. São Paulo: Palas Athena, 1992.

162 A notícia como fábula

CAPRA, Fritjof. *Sabedoria incomum*: conversas com pessoas notáveis. São Paulo: Cultrix, 1991.

CARRIÈRE, Jean-Claude; ECO, Umberto; DELUMEAU, Jean; JAY GOULD, Stephen. *Entrevistas sobre o fim dos tempos*. Rio de Janeiro: Rocco, 1999. (Coleção Ciência Atual). Entrevistas realizadas por Catherine David, Frédéric Lenoir e Jean-Philippe de Tonnac.

DÉRY, Tibor. *Niki, a história de um cão*. São Paulo: Veredas, 2002.

ECO, Umberto. *Seis passeios pelos bosques da ficção*. São Paulo: Companhia das Letras, 1999.

ERASMO, Desidério. *Elogio da loucura*. Porto Alegre: L&PM, 2003.

FOUCAULT, Michel. *A ordem do discurso*. 10. ed. São Paulo: Loyola, 2004.

GALENO, Alex; CASTRO, Gustavo de (Org.). *Jornalismo e literatura*: a sedução da palavra. São Paulo: Escrituras, 2002.

GOETHE, Johann Wolfgang von. *Fausto*. Belo Horizonte: Itatiaia, 1987.

GOMES, Mayra Rodrigues. *Jornalismo e ciências da linguagem*. São Paulo: Hacker; Edusp, 2000.

_____. *Ética e jornalismo*: uma cartografia dos valores. São Paulo: Escrituras, 2002.

GRAMSCI, Antonio. *Os intelectuais e a organização da cultura*. Rio de Janeiro: Civilização Brasileira, 1968.

HESSE, Hermann. *Para ler e guardar*. Rio de Janeiro: Record, 1975.

HOMERO. *Odisseia*. São Paulo: Abril Cultural, 1979.

HUTCHEON, Linda. *Poética do pós-modernismo*. Rio de Janeiro: Imago, 1991.

JUNG, Carl Gustav. *Memórias, sonhos, reflexões*. Rio de Janeiro: Nova Fronteira, 1995.

KAFKA, Franz. *A metamorfose*. Mira-Sintra: Europa-América, 1975. 115 p.

KÜNSCH, Dimas Antônio. *Maus pensamentos*: os mistérios do mundo e a reportagem jornalística. São Paulo: Annablume; Fapesp, 2000.

LIMA, Edvaldo Pereira. *Páginas ampliadas*: o livro-reportagem como extensão do jornalismo e da literatura. Campinas: Unicamp, 1993.

LOPES, Maria Immacolata Vassalo de. *Pesquisa em comunicação*. São Paulo: Loyola, 2001.

Referências 163

MACHADO, António. *Canciones y aforismos del caminante*. Barcelona: Edhasa, 2001.

MARÃO, José Carlos; RIBEIRO, José Hamilton. *Realidade re-vista*. Santos: Realejo Edições, 2010.

MEDINA, Cremilda. *Notícia*: um produto à venda. Jornalismo na sociedade urbana e industrial. São Paulo: Summus, 1998.

_____. *A arte de tecer o presente*: narrativa e cotidiano. São Paulo: Summus, 2003.

MERCADANTE, Luiz Fernando. *20 perfis e uma entrevista*. São Paulo: Siciliano, 1994.

MODERNELL, Renato. *Che Bandoneón*. São Paulo: Global, 1984.

_____. *O grande ladrão*. Porto Alegre: Sulina, 1990.

_____. *Viagem ao pavio da vela*. Rio de Janeiro: Record, 2001.

MOTTER, Maria Lourdes. *Ficção e história*: imprensa e construção da realidade. São Paulo: Arte & Ciência; Villipress, 2001.

RESENDE, Fernando Antônio. *Textuações*: ficção e fato no novo jornalismo de Tom Wolfe. São Paulo: Annablume; Fapesp, 2002.

RIZZINI, Carlos. *O livro, o jornal e a tipografia no Brasil, 1500-1822*. Rio de Janeiro: Kosmos, 1946. p. 329. Fac-símile lançado pela Imesp, 1988.

SANT'ANNA, Sérgio. Idéias/Ensaios, *Jornal do Brasil*, 19 jan. 1992, p. 8-9. Disponível em: <http://www.cronopios.com.br/site/artigos.asp?id=1667>.

SETTI, Ricardo A. *A história secreta do Plano Cruzado*. São Paulo: Canarinho, 2001.

SVEVO, Italo. *A consciência de Zeno*. São Paulo: PubliFolha, 2003.

TOYNBEE, Arnold. *Um estudo da história*. São Paulo: Martins Fontes, 1986.

TOLSTOI, Leon. *Guerra e paz*. São Paulo: Ediouro, 2002.

VENTURA, Zuenir. *Minhas histórias dos outros*. São Paulo: Planeta, 2005.

VILAS-BOAS, Sergio. *Perfis e como escrevê-los*. São Paulo: Summus, 2003.

VOGLER, Christopher. *A jornada do escritor*: estruturas míticas para contadores de histórias e roteiristas. Rio de Janeiro: Ampersand, 1997.

WALTY, Ivete Lara Camargos. *O que é ficção*. São Paulo: Brasiliense, 1986.

WATTS, Alan. *Filosofias da Ásia*: transcritos editados. Rio de Janeiro: Fissus, 2002.

Índice

A

Abramo, Claudio 101, 105
acordo ficcional 49
ângulo de observação 143
Antonioni, Michelangelo 67
Aristóteles 27, 28, 105
Armstrong, Louis 76, 84, 107
Armstrong, Neil 76, 84, 107
arte de silenciar 52
arte do estranhamento 100, 102, 106, 107, 154
Assis, Joaquim Maria Machado de 62
Assis, Toni 109
autoria, falseamento de 84-88, 155

B

Barbosa, Ruy 125
Barros, Ana Taís Martins Portanova 44, 151, 153
Barros, Manoel de 61
Barthes, Roland 25
Beethoven, Ludwig von 76, 77
Blow-up 67, 68
bosques da ficção 41, 100, 102, 111, 129, 152, 153, 155
Brodsky, Joseph 100, 102, 106, 154

C

Calvino, Italo 27, 34, 102
Caminhos da Terra 94
Candido, Antonio 106, 107
Carlos, Erasmo 135-138
Carvalhaes, João 78-80
chancela de uma autoridade invisível 33
Chateaubriand, Assis 82
Che Bandoneón 19
Coleridge, Samuel Taylor 49, 154
compactação temporal 133-135, 139, 155

compromisso com a periodicidade 52
confirmação da aliança social 60, 62, 154
Constituição de 1821 118
convenção da ficcionalidade 34, 35
convenção da veracidade 34, 35, 37, 155

D

Daniel, Taunay Magalhães 142
Déry, Tibor 65
descompactação temporal 135
deslocamento de contexto 135-138, 139, 155
Diário da Noite 127
Diário de S. Paulo 81, 90, 91, 93, 127
Diários Associados 127, 128

E

Eco, Umberto 41, 49, 102
efeito de sentido 137, 139
elementos de composição de cena 48
eloquência vazia 123, 139
envenenamento da verdade 138, 155
Época 72, 73, 88, 109, 132
Erasmo de Roterdã 29
escala de fabulação 42, 47, 154
espírito corporativo 63-74, 155
Estado de S.Paulo, O 30, 86, 119, 126, 142, 147
estudo da história, Um 31

F

fabulação 19, 43, 56, 149, 150, 153, 154
fatualidade restrita 32, 107, 138, 154
fatores coadjuvantes na fabulação 139
fatores de fabulação (FF) 49-50, 52, 55, 62, 68, 74, 75, 77, 83, 86, 88, 91, 106, 115, 117, 124, 127, 130, 133, 134, 145, 148, 154

Fernandes, Millôr 148
fluxo entre discurso e referente 144
Focus 72, 132
Folha de S.Paulo 41, 44, 48, 57, 81, 82, 90, 109, 110, 125, 131, 149
Fontaine, La 42
Ford, John 28, 99
Ford, Peter Shann 84
Foucault, Michel 25, 26, 31, 32, 37, 88, 99
função mágica da escrita 152

G

Gazeta, A 110
Gazeta de Notícias, A 126
Gigliotti, Fiori 123, 124, 126
Globo Ciência 76
Gomes, Mayra Rodrigues 60, 141
Gramsci, Antonio 112, 113
grande ladrão, O 19
Guerra e paz 104, 153

H

Hammet, Dashiel 52
Helena Júnior, Alberto 81
Heráclito 126
herança imaginativa primordial 153
Hesse, Hermann 35
história de Genji, A 153
história secreta do Plano Cruzado, A 102
História Viva 76
Hitchcock, Alfred 114
homem que matou o facínora, O 28
Homero 27, 153
Hutcheon, Linda 25, 36, 37

I

Ilíada 153
impacto da palavra impressa 138
imparcialidade 44, 45, 155
insight 152
Iraque, Guerra do 29
Istoé 73, 98, 106

J–K

Jornal da Tarde 59, 61, 81, 86, 90, 97, 119

Jornal do Brasil 52, 103
jornalismo de reconfirmação 61
jornalismo imagético 139
Kafka, Franz 41-44, 46, 47, 49, 50, 62, 107
Kusturica, Emir 26, 38

L

Leary, Timothy 71, 72
Leite, Fabiane 41-50, 57
Líbero, Cásper 110
Lima, Edvaldo Pereira 30
Livro das maravilhas 42, 153

M

Machado, António 150
manejo da informação 91
Marão, José Carlos 133-135
Medaglia, Júlio 146-148
Medina, Cremilda 28, 70
memória coletiva 145-147
memória pessoal 146, 148
metaficção historiográfica 19, 25
mil e uma noites, As 56
Minhas histórias dos outros 87
mito da objetividade dos fatos 37
mitologia do hinduísmo, A 144
mitologia pessoal 149
monopólio da memória 141-150, 155
Motter, Maria Lourdes 37, 39, 145, 148

N–O

Nader, Alceu 120, 121
Nane, Kaíke 109
Nassar, Raduan 52
Nava, Pedro 87
neutralidade 44, 45
New York Times 114
objetividade rasa 127
Odisseia 27
omissão de circunstância 139

P

periodicidade 51-53, 55, 56, 60, 154
perpetuação de temas sazonais 74

Índice 167

Piazzolla, Astor 19
Picasso, Pablo 76, 97, 100, 157
Pinto, Guilherme Cunha 97
Playboy 102
poder coercitivo 67
poder de replicação 78
Polo, Marco 19, 42, 153
pontes para um mundo irreal 88
princípios mediadores 106-108
processo de ficcionalização da notícia 133
processo fabulatório 55
produção da verdade 143, 144
Próxima Viagem 92

Q

Quatro Rodas 133

R

Realidade 30, 133-135
realidade impressa 17
Record, Rádio 123
referências coletivas 78, 148, 154
relevância do estímulo 64
Resende, Fernando 47
Ribeiro, José Hamilton 134
reversibilidade 77
revista V 135
Rio Grande 128
ritual de circunstância 88, 99, 119
ritual sumário de leitura 139
Rosa, João Guimarães 33
Rulfo, Juan 52

S

Salinger, J. D. 52
Sant'Anna, Sérgio 52
sargento de Lagoa Dourada 121, 122
Seis passeios pelos bosques da ficção 49
sensação de leitura 106
serendipity 157-159
Setti, Ricardo 102, 104, 105, 147-149
Shakespeare, William 64, 65
Shikibu, Murasaki 153
signo taoísta 21, 25
sintonia com o senso comum 115

substrato cultural 139
superdose de ideologia 113
superestruturas 111, 113
suspensão voluntária da descrença 49, 50, 88, 105, 154
Svevo, Ítalo 144

T-U

tai chi 23
taxa ficcional 42, 88
tecla *delete* 127
tempo das laudas de papel 127, 150, 158
teor ficcional 154
teoria compensatória 112
Time 73, 128
Tolstoi, Leon 103-106, 144, 145, 153
tom do discurso 188
Toynbee, Arnold 30, 32
Tratado geral das grandezas do ínfimo 61
Troia, Guerra de 27, 69, 153
Trotsky, Leon 92, 93
Underground 26, 38
UOL 76

V

Veja 72, 119, 121, 128
Ventura, Zuenir 87
veracidade 34, 35, 37, 155
verdade final e autorizada 26, 31,37
verificabilidade 47, 48
Viagem ao pavio da vela 19
Vietnã, Guerra do 117, 147

W-Z

Walpole, Horace 158
Walty, Ivete Lara Carmagos 33
Watts, Alan 144
wei-wu-wei 158
Zero Hora 75-77

Este livro foi composto em Glosa Text e
impresso em offset 75 g e cartão supremo 250 g
pela gráfica Sumago em setembro de 2012.